Joseph Roth

PARISER NÄCHTE

Feuilletons und Briefe

Joseph Roth als Mitarbeiter der Frankfurter Zeitung.
Bleistiftzeichnung von B. F. Dolbin, 1926, DLA.

Joseph Roth

PARISER NÄCHTE

Feuilletons und Briefe

Herausgegeben und mit einem Nachwort
von Jan Bürger

C.H.BECK textura

Die Reihe *textura* wurde vom Verlag Langewiesche-Brandt (Ebenhausen bei München) begründet und wird seit dem Jahr 2010 vom Verlag C.H.Beck fortgeführt.

Mit 2 Abbildungen
Abbildung S. 2: © VG Bild-Kunst, Bonn 2018

Satz: Fotosatz Amann, Memmingen
Druck und Bindung: Pustet, Regensburg
Umschlaggestaltung: Kunst oder Reklame, München
Umschlagabbildung: Paris, Champs-Élysées, Fotopostkarte um 1925
Gedruckt auf säurefreiem, alterungsbeständigem Papier (hergestellt aus chlorfrei gebleichtem Zellstoff)
Printed in Germany
ISBN 978 3 406 72631 6

www.chbeck.de

I. SIE MÜSSEN HIEHER!

Panoptikum am Sonntag

*Für Benno Reifenberg**

Eines Tages – es war ein Sonntag – wich die Scheu, mit der ich oft an dem Musée Grévin vorbeigegangen war. Es regnete in Abständen. Die Wolken, die aus Schwefel zu sein schienen, strömten ein gelbes Licht aus. Am Nachmittag bekamen die sonntäglich gekleideten Menschen den Ausdruck abgekämpfter, feierlicher und vergeblich auferstandener Schatten. Es war, als ob der Sonntag, zu dem sie ausgezogen waren, ausgefallen sei. An seiner Stelle befand sich eine Art verregneter und trüber Lücke, die den verflossenen Samstag vom künftigen Montag trennte und in der die verlorenen Spaziergänger umherschwankten, geisterhaft und körperlich zugleich und alle wie aus Wachs. Mit ihnen verglichen waren die wächsernen Puppen im Musée Grevin aufrichtigere Imitationen. Das gelbe Licht der Lampen in den fensterlosen Räumen, die niemals den Tag gekannt hatten, vermischte sich so innig mit dem Dämmer, der

* Benno Reifenberg (1892–1970), Journalist, 1924–1930 verantwortlicher Feuilleton-Redakteur der *Frankfurter Zeitung*.

aus den Winkeln kam, daß beide aus dem gleichen Stoff zu sein schienen und Hell und Dunkel Geschwister. Die Gestalten der Geschichte und die bescheinigte Authentizität ihrer Gesichter, Bratenröcke, Kostüme, Zylinder; die Schatten, die sie wie zum Beweis ihrer Lebendigkeit auf den Fußboden warfen; die wächserne Starrheit ihrer Stellungen; und schließlich die unheimliche Stummheit, die lebende Zeitgenossen und längst Verstorbene gleichmäßig ausströmten: das alles kam mir wie eine angenehmere Fortsetzung und Bestätigung jenes gelben Sonntags vor, den ich eben verlassen hatte. Manche Persönlichkeiten hielten den einen Fuß vorgestreckt, die Hose warf unter dem Knie ebenso lebenswahr unbeabsichtigte Falten wie über dem Hals das Kinn ein Doppelkinn, und hundert kleine Nachlässigkeiten des Schneiders und der Natur waren bemüht, selbst dem verstockten Zweifler die wahre Existenz der Figuren zu beweisen. Ja, der Zuschauer kam oft dazu, mit dem eigenen Wunsch die Absicht des Panoptikums zu unterstützen.

Auf den Gesichtern der lebendigen Besucher wieder lagerte ebenfalls eine Stummheit, die aus Ehrfurcht, Schrecken und Staunen bestand, wie ein matter Widerschein jener Figuren. Niemand wagte laut zu sprechen. Alle flüsterten oder murmelten, als befänden sie sich wirklich in der Nähe der bedeutenden oder furchtbaren Persönlichkeiten und als könnten sie durch einen stärkeren Laut die Puppen zu einem unwilligen Fluch veranlassen. Ein Geruch von lange ungelüfteten Kleidern schwebte um alle Denkmäler und machte sie noch realer. Gleichzeitig aber mit der Furcht, die sie einflößten, fühlte man eine Art Mitleid mit ihnen, den ewig eingeschlossenen, und empfand es fast als ein Unrecht, daß ihre Vorbilder, die noch lebten, in der schönen freien Luft und an den grünen Tischen der Weltgeschichte atmen und handeln durften. Es war, als stünde hier, im Panoptikum, der wahre Poincaré zum Beispiel und draußen führe irgendwo in einem Auto zu einem offiziellen Ereignis der nachgemachte. Denn alles Wesentliche und Kennzeichnende schien die wächserne Puppe dem lebendigen Vorbild abgelauscht und weggenommen zu haben, so daß dieses ohne seine stabilen Züge in der Welt herumlief. Und ebenso wie die Zeitgenossen der Erde, so schienen die toten Heroen dem Jenseits entwendet worden zu sein; und für die Dauer meines Aufenthalts im Panoptikum war es mir klar, daß sich in der Unterwelt nur die billigen Durchschnittsschatten aufhalten konnten, die für die Geschichte wie für das Musée Grevin überhaupt nicht von Bedeutung waren.

Im Sterbezimmer Napoleons auf St. Helena roch man das schwelende Licht, obwohl es von einer elektrischen Birne kam, und man erstarrte in Ehrfurcht vor dem doppelten Schweigen des Todes: dem metaphysischen und dem imitierten. Für die Ewigkeit festgehalten war die Ewigkeit selbst und das Flügelrauschen des Todesengels hatte seine Flüchtigkeit verloren und war beständig geworden, eingefangen im Sterbezimmer. Die authentischen Gegenstände aus Napoleons Besitz, seine Taschenuhr zum Beispiel, die auf dem Nachttisch lag, strömten eine überzeugende Echtheit aus, wie Gewürze Düfte verbreiten. Jede kleinste Lücke zwischen den nachgemachten Tatsachen, in die etwa die Phantasie des Betrachters hätte schlüpfen können, war ausgefüllt mit einer nachgemachten Wahrscheinlichkeit zumindest. Also war die Wirklichkeit nicht nur imitiert, sondern sogar übertroffen. Es war eine Welt, in der jede körperliche Erscheinung der menschlichen Phantasie vorgriff, um sie überflüssig zu machen, und in der alles plastisch vorhanden zu sein schien, was man sich sonst mit geschlossenen Augen kaum in verschwimmenden Umrissen ausmalen darf. Die Schatten waren eben Körper geworden und warfen eigene Schatten.

Über allem lag eine makabre Stimmung. Aber sie entströmte nicht so sehr den dargestellten Katastrophen (wie etwa der Christenverfolgung in Rom und der unterirdischen Welt der Katakomben), sondern viel eher der unerbittlichen Körperlichkeit, in die alle Ausgeburten der Phantasie hineingesprungen waren, dieser wächsernen Härte, umgeben von historisch unanfechtbaren Requisiten und diesem legitimen Geschichtsunterricht, an dem nicht mehr gezweifelt werden konnte, einfach, weil er aus Wachs war und gar nicht vom Fleck zu rühren. Es war wie eine Begegnung mit okkulten Erscheinungen, obwohl alles Okkulte und der Vernunft schwer Zugängliche rationalistisch präpariert allen irdischen Sinnen aufgedrängt wurde. Man konnte Wunder mit körperlichen Augen sehen und war infolgedessen ein bißchen niedergedrückt und in Sorge, die liebe Erde zu verlieren, auf der man so gerne glaubend und zweifelnd herumwandert.

Nur in einer einzigen Abteilung – Palais de[s] Mirages, im Märchenpalast also – war die Begegnung mit dem Wunderbaren nicht schrecklich, sondern heiter. In diesem Palast sind alle Wände und die Decke aus Spiegeln. In der Mitte stehen ein paar Säulen, deren Aufgabe es ist, nicht die Decke zu stützen, sondern sich selbst zu vervielfältigen. Es ist ein besonderes System drehbarer Spiegel, die ein unwahrscheinliches Getöse verursachen, sobald man sie in Bewegung bringt. Um das Getöse zu übertönen, veranstaltet ein Orgelmechanismus eine Opernmusik, die aus Porzellanhimmeln, Messingsphären und Stanniolplaneten zu kommen scheint. Eine Zeitlang ist es stockfinster.

Eine Pause, die dazu dient, die erregten Sinne auf ein neues Märchen vorzubereiten, und allen Besuchern Gelegenheit gibt, die Körper ihrer vertrauten Begleiterinnen wie fremde Wunder im Finstern zu fühlen. Dann leuchtet es langsam auf, von hunderttausend Lampen und Ampeln, violett, gelb, grün, blau, rot und man befindet sich im orientalischen Palast, der von durchsichtigen Säulen getragen wird. Vor einigen Minuten waren es noch dichtbelaubte Eichen und Ahornbäume und man befand sich in einem deutsch-französischen Märchenwald mit Orgelgezwitscher. Bald dröhnt es wieder und flugs stehn wir unter einem blauen Sternen- und Kometenzelt.

Erst in diesem Palast gelangten die Besucher aus der flüsternden Furcht in ihre natürliche Spektakelfreude. Denn so sehr auch hier das Unwahrscheinlichste wirklich geworden war, so blieb doch diese von vornherein zugestandene Märchenhaftigkeit ein Kinderspiel, verglichen mit den Wahrscheinlichkeiten und Wirklichkeiten der menschlichen Geschichte. Es war keineswegs merkwürdig, aus dem Wald in die Alhambra mit einem Schlag versetzt zu werden. Aber unmöglich schien die Kreuzigung Christi, der Tod Napoleons, die Ermordung Marats, das Zirkusspiel der Römer. Ja, selbst die zeitgenössischen Politiker, deren Leistungen erst in hundert Jahren die panoptikale Reife erlangt haben werden, wirkten schon so, wie sie dastanden, im Bratenrock und Zylinder, unmöglich und gespenstisch. Wie wenige von all den Besuchern wußten, daß sie vor sich selbst erschrocken waren und eigentlich noch in den Straßen hätten erschrecken müssen – – vor ihrem eigenen Spiegelbild in einem Schaufenster! Da gingen sie wieder herum, aus Wachs und aus Gips, mit allen Schrecknissen des Panoptikums in der eigenen Brust, und eines jeden Seele war eine Folterkammer. Es regnete immer noch, schief und strichweise, die gelben Wolken galoppierten über den Dächern und tausend Regenschirme schwankten unheimlich über den Köpfen der Unheimlichen …

Erstdruck: Frankfurter Zeitung, *10. Juni 1928; als Druckvorlage diente der von Roth selbst zusammengestellte Band* Panoptikum. Gestalten und Kulissen, *München 1930, S. 7–11.*

Das Kind in Paris

In allen Gärten spielen Kinder. Das Betreten der Rasen ist in einem Maß erlaubt, das den deutschen Besuchern beinahe schon sündhaft vorkommt. Und wenn etwas in einem der großen Parks und der kleinen Anlagen den Erwachsenen verboten ist, den Kindern ist es immer gestattet. Kinder dürfen in Paris auf Bänken stehen, durch Gitter kriechen, über Zäune klettern, Bälle in Blumenbeete werfen und Blumen pflücken. Spartanische Grundsätze in der Kindererziehung liebt der Franzose nicht anzuwenden. Dieses Volk, das so wenig Kinder zeugt und gebiert, achtet nicht nur im Kind die Zukunft des Landes, der Nation, der Welt – – es liebt auch, ohne jede Überlegung, das Kind als Geschöpf, den werdenden Menschen, der noch halbes Tier ist.

Im Jardin du Luxembourg, in den Champs Elysées, im Louvre – überall sind die kleinen bunten Zelte zu sehen, in denen Marionettentheater gespielt wird. Auf niedrigen Bänken sitzen die kleinen Zuschauer, kleine Mädchen, wie Damen, mit Handschuhen, Hüten, kleine ritterliche Jungen. Kavaliere mit eleganten Bewegungen, die ihre Damen mit vollendeter Höflichkeit und tadellosen Manieren behandeln. Es ist ein getreues Abbild der großen französischen Gesellschaft. Die Kultur der äußeren Bewegung, der Grazie im Gang, im Stehen, im Sitzen haben alle diese kleinen Mädchen, genau so wie ihre jungen Mütter. Die französischen Kinder benehmen sich mit der freien Selbstverständlichkeit der Erwachsenen. Das ist weniger eine

Blut- und Rassen-Angelegenheit als die Folge der liebevollen, warmen, hegenden Nachgiebigkeit der Erzieher. Das pädagogische Prinzip in Frankreich ist nicht: spartanische Strenge, sondern: romanische Freiheit der individuellen Anlagen, – es ist nicht: Zucht, sondern: Sitte.

In allen Gärten, auf allen Jahrmärkten, an besonderen Feiertagen auf allen freien Plätzen gibt es Karussells für Kinder. Mit diesem Spiel ist in sehr geschickter Weise die Erziehung des Kindes zur Geistesgegenwart verbunden: Der Karussellbesitzer hält kleine, an einem Stock locker hängende und leicht abzulösende kleine Ringe in der Hand. Alle Kinder auf den kleinen Schaukelpferdchen, in den winzigen Wagen sind mit Stäbchen ausgerüstet. Während sie an den Ringen vorbeifahren, versuchen sie sie abzulösen, gleichsam auf das Stäbchen zu spießen. Wer eine bestimmte Anzahl von Ringen hat, erhält einen Preis.

Schon die Kleinsten, die Drei- und die Vierjährigen nehmen an diesem Spiel teil. Sie lernen das schnelle Zugreifen, den Wert des Augenblicks, das geschwinde Sich-besinnen, das treffsichere Zielen.

Es gibt schwerlich in Paris einen öffentlichen Park, in dem etwa das «Befahren der Wege mit Kinderwagen» verboten wäre. Kinder dürfen alles, in Museen, Paläste vordringen, Schwäne füttern und kleine Segelboote in den Zierteichen der Gärten schwimmen lassen. Diese weißen Segelschiffchen kauft man in allen Spielzeugläden, sie sind solide und ordentlich gebaut, mit allen Details der großen Schiffe ausgestattet, Fahrzeuge für Liliputaner. Man läßt sie schwimmen in den großen marmornen Bassins, steht stundenlang am «Ufer» und sieht zu, wie der Wind die Segelchen bläht, die kleine sanfte Strömung die Schiffchen zieht, wie zwei zusammenstoßen, wie jedes immer wieder zum Ufer heimkehrt. Dann stößt man sie mit langen Stangen wieder hinaus, auf das weite, glitzernde Rund des Wassers.

Druckvorlage: Frankfurter Zeitung, *17. März 1929, Beilage* Für die Frau.

An Benno Reifenberg

Paris, den 16. Mai, 1925.

Sehr verehrter Herr Reifenberg,

dieser Brief darf Sie nicht glauben lassen, ich wäre verrückt geworden vor Entzücken über Frankreich und Paris. Ich schreibe ihn in klarster Geistesgegenwart, im Vollbesitz meiner Skepsis und auf die Gefahr hin, eine «Schmockerei» zu begehn, das Schlimmste, was mir passieren könnte. Es drängt mich, Ihnen «persönlich» zu sagen, daß Paris die Hauptstadt der Welt ist und daß Sie hieherkommen müssen. Wer nicht hier war, ist nur ein halber Mensch und überhaupt kein Europäer. Es ist frei, geistig im edelsten Sinn und ironisch im herrlichsten Pathos. Jeder Chauffeur ist geistreicher, als unsere Schriftsteller. Wir sind wirklich ein unglückliches Volk. Hier lächelt mich jeder an, alle Frauen, auch die ältesten liebe ich bis zum Antrag, ich könnte weinen, wenn ich über die Seine-brücken gehe, zum ersten Mal bin ich erschüttert von Häusern und Straßen, mit allen bin ich heimisch, obwohl wir uns fortwährend mißverstehn, wenn es um Reales geht und weil wir uns so herrlich verstehn, wenn es um Nuancen geht. Wenn ich ein französischer Schriftsteller wäre, ich würde nichts drucken, alles vorlesen. Die Viehtreiber, mit denen ich frühstücke, sind vornehm und edel, mehr, als unsere Minister, der Patriotismus ist hier berechtigt, der Nationalismus ist eine Kundgebung europäischen Gewissens, jede Ankündigung ist eine Dichtung, die Affichen des Magistrats sind so vollendet, wie unsere beste Prosa, die Kinoreklamen enthalten mehr Phantasie und Psychologie, als unsere modernen Romane, die Soldaten sind verspielte Kinder, die Polizisten amüsante Feuilletonisten. Es ist hier ein Fest «gegen Hindenburg» faktisch, nicht nur bildlich, arrangiert, «Guignol contre Hindenburg» heißt es, aber die ganze Stadt ist ein Protest gegen Hindenburg, Preußen, Stiefel, Knopf. Aber die Deutschen hier, Norddeutsche, meine ich, sind voller Haß gegen die Stadt, sehen nichts, fühlen nichts. Ich habe z. B. mit Palitzsch* gestritten, der doch ein feiner Typ des Norddeutschen ist und der meine Begeisterung nur aus meiner dichterischen Begabung heraus verstehen kann und sie entschuldigt. Er entschuldigt! Ich bin ein Dichter! Die «Objektivität» des Norddeutschen ist eine Vertuschung seiner Instinktlosigkeit, seiner Nase, die kein Riechorgan ist, sondern ein Schnupfenorgan. Meine «Subjektivität» ist objektiv im höchsten Grade. Was ich rieche, wird er noch nach 10 Jahren nicht sehen.

Ich bin sehr traurig. Denn zwischen gewissen Rassen gibt es keine Brücken, nie wird es zwischen Preußen und Frankreich eine Bindung geben. Ich sitze im Restaurant neben Deutschen, mich grüßt der Kellner, zu mir lächelt die Kellnerin, der Direktor, der Piccolo, sie behandelt man kühl, sachlich. Es geht von ihnen eine unerträgliche Steifheit aus, sie atmen nicht Luft aus, sondern Zäune und Mauern, dabei sprechen sie manchmal besser, als ich. Woher kommt es? Es ist doch die Stimme des Blutes und des Katholizismus. Paris ist katholisch im weltlichsten Sinn dieser Religion, zugleich europäischer Ausdruck des allseitigen Judentums.

* Otto Alfred Palitzsch (1896–1944), Schriftsteller und Journalist.

Sie müssen hieher kommen!

Ich habe es Ihnen zu verdanken, daß ich nach Frankreich durfte und werde es Ihnen nie vergessen. Ich fahre in den nächsten Tagen in die Provinz, und schreibe erst, bis sich die Ekstase gelegt hat und den Untergrund bildet für das Gebäude der Beschreibung.

Meine Frau bleibt vorläufig hier, sie ist krank, ich fürchte, es ist länger. Ich bitte, alles an sie zu schreiben

Friedl Roth*, Place de l'Odeon. Hotel de la Place de l'Odeon. Paris

Furchtbar billig: 10 fr. ein gutes Essen 15 fr. Quartier!
Gleichzeitig schreibe ich an den Verlag um Resthonorar und ich bitte Sie, die Kasse daran zu erinnern.
Ich grüße Sie herzlich und küsse Ihrer Frau die Hände,

Ihr
Joseph Roth.

Erstveröffentlichung in Briefe 1911–1939, *hg. von Hermann Kesten, Köln und Berlin 1970. Druckvorlage: Handschrift, ein Blatt, beidseitig beschrieben, DLA.*

* Roth und Friederike Reichler (geb. am 12. Mai 1900) hatten 1922 in Wien geheiratet; seit 1928 litt sie an Schizophrenie und lebte seit September 1930 in Nervenheilanstalten. 1940 wurde sie in der Vernichtungsanstalt Hartheim bei Linz ermordet (hierzu: Wilhelm von Sternburg: *Joseph Roth. Eine Biographie*, Köln 2009, S. 220–234).

Wie man eine Revolution feiert

rth. Paris, im Juli [1925].

Man tanzt in den Straßen von Paris und freut sich über eine Revolution, die schon so lange zurückliegt, daß man ein Historiker sein muß, um ihre lebendigen Folgen heute noch und überall wahrzunehmen. Es gibt wieder den unerträglichen Hochmut einer Kaste, der sich mit dem der Guillotinierten messen darf. Dennoch ist der vierzehnte Juli das Fest des Volkes. Im Glanz der alljährlichen Siegesfeier vergißt man, daß der Anlaß längst durch die Entwicklung der Welt überholt ist. Der Platz der Bastille ist so wunderbar illuminiert, daß man sich der großen historischen Illumination erinnert; und in dem Gedränge der Schaulustigen ist so viel elementare Kraft, daß die großartige Furchtbarkeit der Masse wieder fühlbar wird – heute, wie damals.

Seit drei Tagen tanzte man. In der Mitte der Straßen und Plätze spielten Musikkapellen. Großväter tanzten mit Enkeln, Mütter mit Töchtern, Väter mit Söhnen. Eine ungeheure Weltstadt wollte keine Weltstadt sein, sondern eine Weltfreude. Sie setzte die Unordnung, die Außerordnung des Festes, in die Rechte der öffentlichen Ordnung ein. Chauffeure ließen die Wagen stehn, stiegen ab, nahmen einen Trunk und einen Tanz und fuhren weiter. Denn die Straße gehörte nicht ihnen, solange sie nur Chauffeure waren, sondern erst, als sie Tänzer wurden. Auch der Bürgersteig gehörte den Tänzern und nicht den Passanten. Wer wäre da nicht Tänzer geworden?

Im Schmuck der Straßen war keine Gewaltsamkeit und die Fahnen, wie bunte Brücken der Freude über Kreuzungen gespannt, waren kein Aufputz. Sie wuchsen aus Portalen und blühten aus Fenstern. Alte Mauern erwiesen ihre Fruchtbarkeit und gebaren Zierrat. Das Fest war weder eine Improvisation, noch eine mühsame Inszenierung. Es wuchs aus dem Asphalt, der das ganze Jahr so ist, als müßten fertige Musikanten aus ihm entsprießen. Rote Lampions hingen in den Bäumen. Sie sahen nicht aus, wie «seltsame Früchte». Weit entfernt davon, Gelegenheit zu billigen Vergleichen zu bieten, waren sie nichts mehr, als beleuchtetes rotes Papier und dennoch heimisch im natürlichen Laub. Es umschloß sie und sie durchbrachen es. Wunderbar fügte sich Künstliches in Natur. Und obwohl unten die Kellner sofort kassierten, war es doch so, als bekäme man Alles umsonst – weil man es in der herrlichsten Mitte der Fahrbahn bekam. Der Arme fühlte nicht, daß er verschwendete und das Bezahlte war geschenkt.

Am Abend des vierzehnten Juli ereignete sich das Feuerwerk. Arbeiter füllten die Straßen und die reichen Leute saßen arm in den großen Fremden-Automobilen und wurden schnell herumgeführt. Jede Paradegeste füllte sich sofort mit historischem Gehalt. Die Illumination war keine leuchtende Phrase. Die Lichtreklamen ertranken in der Fülle des wieder in seine Rechte eingesetzten, der Freude gewidmeten Lichts. Bunte, knallende Raketen gebar der Horizont. Auf den Schultern der Väter jubelten die Kinder. Diese Kinder, die niemals aufhören werden, Republikaner zu sein, auch, wenn sie einmal Opfer der Politik werden müßten.

Denn sie haben in einem Alter, in dem ein Feuerwerk erhaben erscheint, den fernen, aber verwandten Glanz einer Flamme gesehn, die: Revolution heißt! …

Erstveröffentlichung in Briefe 1911–1939, *hg. von Hermann Kesten, Köln und Berlin 1970. Druckvorlage: Xerokopie der verlorenen Handschrift, zwei Seiten, DLA. Der Text wurde als Brief an Benno Reifenberg geschickt und schließt mit folgendem Gruß: «Auf Wiedersehn! Fahre Lyon. Von dort nächstes Feuilleton!»*

Wirkung eines Boulevard-Blattes

Es ist die lauteste Stunde des Tags, in der das Boulevard-Blatt erscheint. Die Millionen Lettern seiner hunderttausend Exemplare erzeugen einen optischen Tumult, der den hörbaren der Kolporteure überflüssig macht. Die massiven Buchstaben, aus denen sich die Titel zusammensetzen, fallen mit unvergleichlichem Krach, wie schwere Balken aus Ebenholz, über die Welt. Es ist nicht nötig, das Boulevard-Blatt zu lesen. Seine Nachrichten erfüllen das unwilligste Ohr mit Getöse und geben sich selbst kund, ehe man hingeht, sie zu hören. Nur sehr neugierige Menschen, die ihr Laster glauben macht, daß nach solch großartigen Titeln noch größere Ereignisse folgen und daß sich hinter solchen Donnern noch ein Gewitter verbirgt, kaufen das Boulevard-Blatt und lesen es sogar.

Zu den Lesern des Boulevard-Blattes gehört Gaston Parrain, ein schwächlicher und wahrscheinlich furchtsamer Mensch mit einer starken Einbildungskraft, dessen Genuß die Aufregung ist. Er sitzt auf einer Steinbank im öffentlichen Park, in einer abgeschiedenen Allee und entfaltet das Boulevard-Blatt. Sein Blick haftet sofort an dem Titel, der über drei Spalten läuft und dessen Buchstaben etwa 15 Zentimeter groß sind:

«Ein Polizist ringt verzweifelt mit einem Einbrecher und schießt, an der rechten Hand schwer verletzt, mit der Linken.»

Gaston Parrain liest den Bericht. Er erfährt alle Details der Begebenheit, er sieht den Polizisten vor der Tür warten, den

Einbrecher hinter der Tür lauern, sprungbereit, den Revolver in der Rechten, die Linke zum Würgegriff gespreizt, er hört die unvorsichtige Bewegung des Beamten, hört das schicksalhafte Knarren der Tür, fühlt den Sprung des Einbrechers und gelangt in diesem Augenblick an den Zwischentitel, der schwarz aus dem weißen Papier hervorspringt, als wäre er soeben erst aus der Maschine gekommen:

«Da knallte ein Schuß.»

In der stillen Allee wird es dunkler. Der Abend selbst kommt in diesen Teil des Gartens wie eine plötzliche, schwarze Kunde, ohne Dämmerung, die Vögel flattern erschrocken auf, ein fremder Wind, wie er wahrscheinlich einmal den Untergang der Welt beschreiben wird, streicht über das Boulevard-Blatt, daß es knistert, und die Buchstaben des unheimlichen Berichts werden immer kleiner.

Da erhebt sich Gaston Parrain, hart an seinem Ohr vo[r]bei saust eine Kugel, eine Tür knarrt, er duckt sich, seine rechte Hand ist ein blutiger Fetzen, mit der linken versucht er einen schwarzen, bärtigen und maskierten Mann zurückzustoßen, der auf ihn stürzt. Gaston Parrain fällt, stöhnt, sucht seine Alarmpfeife und findet sie nicht, zugleich hört er den Einbrecher, der klirrendes Silber in einen Sack packt. Gaston Parrain greift mit letzter Kraft in die Revolvertasche, sein Zeigefinger erlahmt, er drückt schnell ab und schießt in die Richtung, in der sich sein Feind befinden muß.

Er hört noch das ersterbende Echo seines Schusses, fühlt plötzlich einen brennenden Schmerz in der Schulter, hört gurgelndes Wasser aus einem verborgenen Kanalgitter und das Ticken seiner Uhr aus der Westentasche.

Er sucht das Boulevardblatt, das der Wind davongetragen

hat. Er zieht die Uhr, entziffert die Stunde, erschrickt, erhebt sich und versucht seinen Anzug vom Staub zu reinigen. Er wohnt drei Straßen weiter. Große Furcht vor seiner Frau, die heute ins Kino gehen wollte, erfüllt ihn. Er springt, den Hut in der Hand, mitten zwischen rasende Automobile, und es ist ungewiß, welche von beiden Gefahren er überstehen wird:

Die tödliche Straße
oder
die wartende Frau.

Druckvorlage: Frankfurter Zeitung, *30. Juli 1925.*

Amerika über Paris

Über den Dächern der Häuser von Paris lächelt ein fürchterlicher Riesensäugling von kolossaler Gesundheit. Er macht Reklame, er ist Reklame für eine Seife, deren entsetzliche Wirkungen er selbst übertreibend repräsentiert. Dieser aufgestockte Säugling ohne Unterleib, dessen Mund 15 Meter breit ist, dessen runde Tieraugen einen Durchmesser von drei Metern haben, nistet an den Mauersimsen und Bretterzäunen, ein robustes Ungeheuer, das heute noch lächelt, morgen schon grinsen wird, ein Sportsäugling, dessen Antlitz ein bunter Fußball ist und der den kommenden Menschen ankündigt. Es wird der Idealtyp des amerikanischen Mannes sein, der immer schon so große Kinderschuhe getragen hat, daß er sie niemals abzulegen braucht; der naive und brutale, sentimentale und eiserne, hundertprozentige und Kinderwagen schiebende Rekordläufer. – Es ist zwar eine französische Seifenfirma, die diesen Säugling über Paris schwingt. Aber es ist mehr als eine Reklame, es ist ein Symbol, es ist Amerika: Amerika über Paris.

Ich fühle den schwarzen Schatten der Wolkenkratzer und ahne sein Dunkel im Anblick der bunten tanzenden Lichter, die Schuhe, Kinos, Füllfedern und Frauen versprechen. Ein internationales Publikum, das nicht international ist, sondern nur so genannt wird, weil es mit verschiedenen Währungen zahlt, verlangt für sein Geld die allerletzten Revuen mit elektrischem Scheinwerferlicht und Heißluftbädern und die mit modernstem Komfort ausgestatteten Hofman-Girls; aber auch echtes Pariser

Apachentum und lokale Sensationen mit garantiert vorübergehendem Nervenchoc. Willig fügen sich Boulevards und Amüsements den Forderungen des Fremdenverkehrs. Nichts ist ihnen für die Gäste zu billig. Alles wird ihnen teuer gemacht. Manchmal degradiert sich die ganze wunderbare Stadt zu einer Saison für Fremde; und ist immer noch eine wunderbare Stadt. Die langweilige Buntheit der Lichtreklame wird hier eine lebendige Buntheit. Dennoch kämpft die ewig formende Atmosphäre von Paris auf die Dauer vergebens gegen den brutalen Inhalt, der ihr unaufhörlich geliefert wird.

Sie kann kaum noch die Fremden verdauen, die gekommen sind, um an anderen Fremden zu verdienen: da tummelt sich eine große Schicht wesenloser und hurtiger Konjunkturgeschöpfe: Sumpfgeborene in steter Amüsierbereitschaft und im Fieber der «Eröffnungen». Da leben die Balalajka-Russen, die ihre Heimat aufgegeben haben und vor Sehnsucht nach der guten, alten Zarenzeit sie durch Seide und Flitter im Varieté zu rekonstruieren suchen. Arme Menschen, blindgeworden vom Blitz der Revolution, vom Schicksal verflucht, aus ihrem Heimweh Profit zu schlagen, ohne Zusammenhang mit der Erde, die ihre Talente genährt hat und nur von Erinnerungen zehrend und Historie gewordenen Begriffen, deren Verwendbarkeit gerade noch für die Wahrheit einer Operette reicht. Da kommen aus England die Sänger, die nicht singen können, aus Amerika die Tänzer, die nicht tanzen können und aus allen Teilen der Welt die schönen nackten Frauen, die nicht schön und nicht nackt sind. Da kommen die Steptänzer, deren Sohlen so klappern, als liefen Totengerippe auf Holzpantoffeln und die Saxophonetiker, deren Instrumente so tönen, wie wenn sich eine ungeölte Höllentür in den Angeln bewegte. Da kommen die

Schneider, die Bühnen-Revuen erdichten und die Dichter, die Frauenkleider zuschneiden, die Beleuchtungskünstler mit den Lichteffekten und die Semi-Spanier mit den Kastagnetten. Und nur da und dort, zwischen so viel Blendwerk und Dilettantismus, der sich lächelnd zu erkennen gibt, die schöne Weiblichkeit der Spanierin Raquel Meller*, das Temperament der Mistinguett**, die große Bosheit des großen Krüppels Little Tich***, der schöne Körper einer spanischen Tänzerin und der tragische Humor einiger Clowns aus der Welt Shakespeares. Sie gehen nicht unter, aber sie kommen zur Geltung in diesem Gewimmel der Dummheit – und das ist fast noch trauriger. Man geht ebenso ihretwegen hin, wie, um die Frauen zu sehen, die (als hätten sich Pfaue von Straußen Federn ausgeliehen) große Räder schlagen in den modernen Straußenkostümen; um die Chansons zu hören, die ein heiserer Frack ableiert; um sechsunddreißig zur Anregung bestimmte und dennoch den guten Ruf wahrende Girl-Beinchen zu sehn, die aus der keuschen Gymnastik ein erotisches Geschäft machen. In der Pause aber, die keine Pause ist, lädt ein fetter Halborientale zu orientalischen Bauchtänzen ein und läßt alltägliche, allnächtliche Frauen aus Smyrna und Czernowitz törichte Drehungen auf Kunstgewerbeteppichen vollführen.

In den engen Gassen des Montmartre tönen die Hupen der Autos mit hundertfachem Echo wieder, gelle Lästerungen gegen die Ehrwürdigkeit der Mauern und gegen die Echtheit, die sich hier verbirgt, um sich, wenn der Abend kommt, vom zahlenden Publikum doch herauslocken zu lassen. Flink legt die

* Im Erstdruck: *Requel Meller*

** Im Erstdruck: *Mistinguette*

*** Im Erstdruck: *Titch*

echte Schminke noch eine falsche Schminkschicht auf. Das Elend der Blumenhändlerin wird unwahrscheinliches Elend. Das Gebrest des Bettlers ein übertriebenes Gebrest. Weil dieses Auditorium dem echten Sänger lauscht, wird sein Lied falsch. Eine Welt von Snobismus bricht aus den Automobilen. Ihre schmerzenden Scheinwerfer schälen das schöne Dunkel von den schönen Häusern. Die Wagen warten in den engen Winkeln, bis die Gäste vom Lokal-Kolorit genug haben, das man ihnen gegen Eintrittskarten serviert, und sausen dann abwärts in die modernen Garagen nüchterner Welthotels. Es dauert lange nächtliche Stunden, ehe die Schönheit der Gassen wieder zu sich kommt.

Aber sie kommt immer wieder. Keiner der vielen Panorama-Sucher von Geburt und Bankdepot kann die Schönheit dieser Welt banal machen, der Stadt mit tausend bewegten Türmen in einer Luft von Glanz, Wind, Himmel und Abend. Millionen unruhiger, nervöser Schornsteine auf Millionen Dächern, ein Ozean von Häusern mit kaum geahntem Ufer, ein zu Harfenlauten erstillter Tumult, eine bewegte Erhabenheit, die jeden in die Tiefe lockt, wie ein Wasser …

Da flammt, die ganze Höhe des Eiffelturms entlang, der Name einer berühmten Firma auf, die es sich leisten kann, die Wahrzeichen der Welt zu kaufen – – und Amerika ist wieder über Paris …

*

Der Schluß dieses Aufsatzes wird durch einen Brief, der uns heute aus Paris zugeht, nur allzusehr bestätigt. Er lautet:

… Dieser Sommer in Paris ist nicht heiß, nicht kalt, nicht regnerisch, er ist … amerikanisch. Überall hört man das amerikanisch-nasale Englisch sprechen, überall begegnet man hageren Gestalten mit absatzlosen Schuhen, mit großen Hornbrillen – auch bei den Frauen –, überlebens-breiten Herrenanzügen, rote Baedeker in den Händen und viele Stöcke und Schirme. Auf allen Boulevards vor den großen Vitrinen wird laut diskutiert, ob die ausgestellten Gegenstände teuer oder billig seien. Über alle Avenues fahren «Gesellschaftsautos», vollgestopft mit 50 bis 60 Amerikanern, die artig und stramm wie in einer Schule auf den Bänken sitzen. Ein «Guide» läßt das Auto ab und zu halten und belehrt seine Opfer, die ihm mit einem «Ouhh!» im Chorus antworten. In allen Restaurants sind alle Kellner auf amerikanisches Publikum hin trainiert; auch ein Tschechoslowake, ein Russe oder ein Deutscher, wenn er nur sein Essen in gebrochenem Französisch bestellt, wird von mindestens fünf Kellnern bedient. Die Rechnungen werden gleichfalls speziell zu diesem Zweck fabriziert. Die Franzosen selbst sind wirklich zu bedauern: sie werden überhaupt nicht bedient; stundenlang sitzen sie da und verlangen hungrig und verzweifelt nach dem Essen, das die feschen und jonglierenden Kellner vor ihren Nasen den «amerikanischen» Herrschern servieren. Nur im Sommer sieht man so viele mit Gold und Silber bestickte Kleider in den Schaufenstern. Die elegante und geistreiche Linie der Pariser Schneider und Modistin wird im Sommer üppig und reich: amerikanisch. In den Schuhgeschäften sieht man seltsame Schuhe ohne Absätze, ein Mittelding zwischen Sandale und Sportschuh, aus farbigen Brokaten, aus Gold, Silber und Perlmutter; so etwas würde eine Pariserin nie sich anzuziehen trauen ... In der Kunstgewerbe-Ausstellung gibt es in der italienischen Abteilung einen Pavillon der mit Gold u. Silber bemalten Stoffe der Signora Gallenga. Prächtige Mäntel und Kleider, mit Renaissance-Ornamenten verziert. Hier geben sich die amerikanischen Damen ein *rendez-vous*. Sie betasten diese Stoffe stundenlang und probieren alle an. Die jüngeren, mit kurzen Näschen und schlanken, schönen Beinen, wickeln sich wollüstig in diese «Borgia»-Mäntel und sehen darin aus wie Varieté-Girls. Auch die älteren, üppigen Matronen mit großen Hornaugengläsern können der Versuchung nicht widerstehen, und auch sie hüllen sich in eine rote oder violette Renaissance-Samtrobe – – – «Ouhh!» Auch im Louvre vor der Venus von Milo, vor der Mona Lisa und vor den Sklaven des «Maikel-Engil» singen sie ihr «Ouhh!» Nach dem Diner residieren sie in den großen Musikhallen. Alle billigen Plätze sind leer, aber die Logen und das Parkett sind überfüllt. Auf der Bühne Tänze, englisch sprechende Exzentriks und Akrobaten, die unvermeidlichen Girls in fabelhaften Toiletten dort, wo es mit Nacktheit schlechthin nicht mehr geht … Dafür im Zuschauerraum trotz der Hitze keine Décolleté; denn alle Amerikanerinnen haben ihre … Pelzmäntel an. Hermelin- und Chinchilla-Mäntel, Füchse und Hermeline …

Druckvorlage: Frankfurter Zeitung, *26. August 1925.*

«An Straßenecken»

Erzählungen von Francis Carco. Deutsch von Fred A. Angermayer. Berlin. Verlag: Die Schmiede. 217 Seiten. Geb. M 4.50.*

Francis Carco ist in diesen Erzählungen der Dichter des Pariser Morgengrauens, jener Stunde, in der die ersten Geräusche des Tags die letzten Schatten der Nacht, wie es in Paris und nur dort ist, akustisch machen, aus dem Bann der Schweigsamkeit erlösen. Wer diese Stunde der Stadt Paris zu besingen unternimmt, wird reichlich belohnt. Das Thema unterstützt die Weise und die große künstlerische Vollendung, die bereits im Rohstoff vorhanden ist, überträgt sich in das gestaltete Werk. In den vorliegenden Erzählungen Carcos treten die nächtlichen, aus der französischen Literatur schon bekannten Gestalten der Dämmerstunden auf: Strichmädchen und -jungen, Literaten, Zuhälter, Menschen, die man «Verlorene» genannt hat, als noch die bürgerliche Gesellschaft gesichert war. Heute hat die Schilderung dieser «Verlorenen» eine große Gefahr: der Dichter weiß nicht, von welchem Blickpunkt aus er sie fassen soll. Früher einmal durfte er auf dem gesicherten Fundament des «sozialen Mitleids» stehn; später auf dem des «sozialen Gefühls». Heute gibt es nur noch ein Fundament: die soziale Unbarmherzigkeit.

* Francis Carco (1886–1958), französischer Schriftsteller, sein Erzählungsband *Au coin des rues* erschien 1918 im Original und 1925 in deutscher Übersetzung.

Zu ihr ist auch Carco noch nicht entschlossen. Auch er tritt aus der Reihe der Seßhaften und auch er «mischt sich unter das fremde Gelichter». Er ist nicht in der oben bezeichneten Stunde zu Hause. Er sollte eigentlich im Bett liegen. Da er aber doch schon seine Ausflüge unternimmt, so seien wir froh, daß er es ist: ein junger Franzose, der noch Zeit und schon das Talent hat, zur Entschiedenheit zu kommen. Ein guter Horcher; ein Mitfühler; ein Herz; eine französische Ironie; ein Mann ohne Sentimentalität. Ein Junger aus unserer Welt. Er erzählt ohne Umwege, sachlich, ohne «Stellungnahme»; das, was ist, erblüht ungefärbt unter seiner Hand.

Druckvorlage: Frankfurter Zeitung, *10. Januar 1926.*

An Benno Reifenberg

Joseph Roth Paris, am 26. März 1926.

Lieber Herr Reifenberg,

Soeben kommt Ihr lieber Brief vom 25. Von früher her möchte ich Ihnen noch sagen, dass ich Sourire* und die pictures abschicken werde, die Gerichtszeitung habe ich bis jetzt nicht gefunden. Heute abends fahre ich mit Ihrem Bruder nach Perrone. Ich schreibe darüber. Mit gleicher Post schicke ich Ihnen die 20 Zeilen für das Bäderblatt. Es war in der Eile nichts Besseres zu machen. Auch hat Dr. Wolff** wegen der schlechten Verbindung nicht alles gut verstanden.

Was die Schmiede betrifft, so habe ich noch keine offizielle Mitteilung von ihrem Pleitegang.*** Es steht vor Allem nur fest, dass ich um 300 Mark monatlich komme. Das ist besonders jetzt ein schwerer Verlust.

Besonders jetzt, weil ich im Zusammenhang mit Ihrer Nachschrift und der Regelung des Pariser Berichterstatterpostens annehme, dass es zwischen der Zeitung und mir früher oder spä-

* Vermutlich geht es um Exemplare der 1899–1900 von Paul Gauguin herausgegebenen Zeitschrift *Le Sourire*.

** Vermutlich das Redaktionsmitglied Franz Wolff.

*** Im zahlungsunfähigen Berliner *Verlag Die Schmiede* erschienen Roths Romane *Hotel Savoy* (1924), *Die Rebellion* (1924) sowie der Essay *Juden auf Wanderschaft* (1927).

ter und wahrscheinlich früher zu einem Bruch kommen wird. Ich habe die Empfindung, dass der Verlag mich als eine Art heimatloses Subjekt betrachtet, das von der Zeitung nur so mitgeschleppt wird. Es müsste sonst nicht so sein, dass man für einen Mitarbeiter von meinen Fähigkeiten nach Verlegenheitsposten sucht und ihn gerade, wenn er einem andern nicht passt, aus dem Ort entfernt, in dem er sich aufhält. Sie wissen, dass ich, seitdem ich bei der Frankfurter Zeitung bin, den Wunsch hatte, ein Jahr lang für die Zeitung von Paris aus zu berichten. Es war mir auch zugesagt. Und nicht einmal, sondern einigemal. Es ist nun eine Prestige-Frage geworden und somit liegt die ganze Angelegenheit auf einem toten Gleis. Meine Bitte um einen Vertrag ist vom Verlag nicht berücksichtigt worden, mein Honorar ist ein lächerliches und nicht einmal mein bescheidener Wunsch, von Paris aus zu schreiben, ist berücksichtigt worden. Ich kann auf keinen Fall, nur weil es einem andern Mitarbeiter so passt, Paris verlassen und auf Reisen gehn. Sie wissen, dass es mir an Courage zu Unternehmungen nicht fehlt. Allein solche Unternehmungen sehen in diesem Fall Verlegenheiten sehr ähnlich und werden ausserdem gar nicht so gut bezahlt. Ausserdem würde ich zum Beispiel eine Reise nach Mexiko, nach Australien oder Sovjet[-]Russland eine «Unternehmung» nennen. Aber was bei Ullstein ein Katzensprung ist, kann ja bei uns nicht ausgeführt werden, da doch eine Reise nach Paris schon eine Sensation bedeutet.

Es wird also, wenn ich nicht in Paris bleiben kann, zu einer Kündigung kommen müssen. Es liegt mir daran, dass Sie <u>nicht</u> etwa glauben, das Angebot von Ullstein machte mich mutig. Sie wissen, dass ich zu stolz dazu bin, Sie wissen, wie ich über Ullstein denke und um wieviel mir die Frankfurter Zeitung angenehmer wäre. Auch wenn ich gar nichts habe, lasse ich mich nicht so behandeln. Ich habe, obwohl es mir schwer fiel, im vorigen Herbst Paris verlassen, ich bin nach Deutschland gefahren und sogar nach Frankfurt. Dass mir Ihre Nähe menschlich und privat eine Freude war, kann mir der Verlag geschäftlich doch nicht anrechnen. Ich bin mit der Aussicht zurückberufen worden, im Frühling nach Paris zurückzukehren. Wenn der Verlag nun glaubt, dass ich hier überflüssig bin, so wird er wohl nicht weit von der Meinung entfernt sein, ich wäre überhaupt überflüssig und wichtig seien nur die Leute, die Parlamentsberichte machen. Das Feuilleton lesen ja doch nur die Frauen.

Nehmen Sie mir bitte diesen Brief nicht übel. Geben Sie ihn, wenn Sie wollen, dem Verlag, zumindest bitte ich Sie, dem Verlag meinen Entschluss, beziehungsweise meine Entschlossenheit mitzuteilen. Privat über Ullstein und über die Schmiede schreibe ich Ihnen morgen. Ich möchte nicht etwa als ein Journalist erscheinen, der mit dem Angebot der Konkurrenz droht. Sie wissen, wie ich auf diese Konkurrenz pfeife.

Ich grüsse Sie herzlich. Grüssen Sie zu Hause.

Ihr sehr alter
Joseph Roth

Druckvorlage: Typoskript mit handschriftlichen Korrekturen und Gruß, drei Blätter, einseitig beschrieben, DLA.

Reisebrief für das Bäderblatt der Frankfurter Zeitung

Paris, den 29. März 1926.

Lieber Freund!

Es ist in Frankreich Frühling geworden und der Wetterprophet dieses Landes, der Abbé Gabriel, soll schöne Ostern prophezeit haben. Kommen Sie her und es soll uns an Ausflügen nicht fehlen! Wir könnten mit dem Dampfboot nach Sèvres fahren, an den Rieselfeldern von Asnières vorbei, über Sèvres-Ville d'Avray wo Gambetta gestorben ist, Balzac gelebt hat, wir könnten den großen, berühmten, jetzt schon grünen Park von St. Cloud besuchen, der eigentlich ein aristokratischer Wald ist, auf dem Plateau stehn, von dem aus man Paris sehn kann, das heitere Gewimmel seiner Schornsteine und den stehenden, erhaben-fröhlichen Tanz seiner Türme. Wollen Sie nach Versailles, Malmaison, St. Germain? Wollen Sie die alte Kathedrale von St. Denis sehn? Sie werden überall einen Historie-gesättigten Boden finden, überall eine kultivierte Natur, die sich mit stolzer Anmut dem menschlichen Willen gefügt hat; überall humane Landschaften, mit Vernunft begabt; überall Wege, die selbst wissen, wohin sie führen; überall Hügel, die ihre eigene Höhe zu kennen scheinen; überall Täler, die mit Ihnen kokettieren werden.

Der Menschen werden viele sein. Die Autocars führen wissensdurstige Engländer in die nähere Umgebung, die Reisenden, die man kennt, die genossen haben, wenn sie erfahren haben und die ohne Kamera nicht genießen können. Es wäre daher gut, wenn wir über Rouen nach der Normandie fahren würden. Sie ist durchaus nicht weit! Wenn wir am ersten Osterfeiertag um zehn Uhr vormittags auf den Bahnhof St. Lazare kommen, können wir Mittag in Rouen essen, die Kathedrale vor uns, den schlanken, singenden Mittelturm der Kathedrale von Rouen, der mittelalterlichen Stadt, deren Glocken ganz mächtig und ganz fern sind, deren Straßen und Gassen von einer hellen und fröhlichen Enge sind, wie man sie nur in französischen Städten findet.

Zwei Stunden später wären wir in Le Havre, dem zweitgrößten Hafen Frankreichs. Wir gingen dann zusammen in's alte Hafenviertel, wo die kleinen Kneipen stehn; die Karussells sich drehen, die Tanzdielen gefüllt sind, und wo man viel Geld gewinnen und verlieren kann. Wir wollen dann zu Fuß durch die Normandie gehn. Wir werden Aufsehn erregen. Denn hierzulande geht niemand zu Fuß, obwohl die Straßen schön und glatt sind wie Dielen. Das Vieh weidet frei auf den Wiesen. Von den Kirchen von Lisieux, Honfleur, Pont-l'Évêque* spielen jede Stunde die Glocken. Die Scheinwerfer von Le Havre streicheln in der Nacht das dunkle Land, wie silberne Hände. Und fortwährend hört man den Gesang des Meers.

Wir gehn nach Deauville, dem sehr vornehmen, heute noch leeren, auf jeden Fall langweiligen Kurort. Von dort haben wir einen direkten Expreß nach Paris. Er fährt 4 Stunden.

* Im Erstdruck: *Pont l'Evèque*

Lockt Sie das alles nicht? Kommen Sie und kommen Sie bald!

Ihr

Joseph Roth.

Druckvorlage: Frankfurter Zeitung, *4. April 1926. Im Erstdruck steht der Text unter einem Foto der Kathedrale von Rouen.*

II. HALBWELTEN

Bericht aus dem Pariser Paradies

Das Paradies liegt im Keller, in der Tiefe. Aber es ist so günstig placiert, daß es beinahe meiner Vorstellung vom siebenten Himmel entspricht. Es ist ein unterirdisches Paradies. Aber die Richtung, die man einschlagen muß, um zu ihm zu gelangen, spielt gar keine Rolle. So glaube ich manchmal, wenn ich einen geschmeidigen Sturz unternehme, im kühnen Flug emporzufallen …

Den Eingang zum Paradies beleuchten blaue Buchstaben, aus kleinen Lämpchen zusammengesetzt. Ihr Blau nähert sich ein wenig dem Violett. Es ist das Blau des blauen Stiefmütterchens und der ersten Morgenschleier, die über einem Acker liegen. Es ist ein Blau starker eindrücklicher Träume und rauchender Zigaretten. Es ist nicht das Blau des Himmels und nicht die Farbe des südlichen Meers. Sie sehen, wie schwer es ist, eine Farbe deutlich zu beschreiben.

Zu beiden Seiten der Treppe, die zum Paradies hinunterführt, mit glatten Sünden gepflastert ist, aber auch mit einem Geländer versehen, befinden sich Spiegelwände, die das Blau kleiner Glühlampen etwas heller widerstrahlen. Es entsteht eine Atmosphäre aus Rauch, Morgen und Traum. Es entsteht eine ganz fremde Farbe, sehr verschieden von allen bekannten. Infolgedessen erlischt das Bewußtsein von der Zeit. Man erinnert sich nur, daß es Mitternacht war, als das Tor des Paradieses aufging und ehe man seiner Verdammnis anheimfiel. Auch die Erinnerung an die geographische Lage erlischt: an den ganzen Montmartre-Himmel mit seinen bunten Reklamesonnen; an die irdischen Hupensignale irdischer Automobile in der Rue Pigall[e]. Blau und umdämmert ist das Gehirn. Die Zeit rinnt nicht, sondern wallt, in Schleier aufgelöst …

Der Treppe gegenüber sitzt die Musikkapelle. Sie hat: Klavier, Geige, Saxophon, Flöte, Ziehharmonika, Trommel. Der Geiger hat fast gar nichts zu tun. Deshalb ist er Kapellmeister. Er steht vor der Musik, aber mit dem Rücken zu ihr, zugewandt den Ankommenden, der Treppe, dem Publikum. Er dirigiert nicht die Musik, sondern den Raum, die Farbe, den Tanz. Er dirigiert das Paradies. Manchmal singt er. Seine Stimme hat er mit der des Saxophons vertauscht. Er hat ein breites weißes Gesicht aus Schlemmkreide. Er pumpt mit Armen und Beinen Räusche aus seiner Nüchternheit. Denn er ist sehr nüchtern. Er allein weiß hier Bescheid um die Stunde und um die geographische Lage. Er ist ein irdischer rationalistischer Kapellmeister. Seine Tage verbringt er mit der Zeitung im Bett. Er gehört nicht zum Paradies, wie zum Beispiel ich. Er hat nur einen Kontrakt mit dem Paradies.

Ich aber trinke Calvados.

Das ist ein Schnaps, gebraut aus Apfelsaft, je nach seinem Alter goldbraun, wie herbstliche Blätter, oder zartgelb, wie Bernstein. Manchmal schmeckt er wie Kognak, und manchmal wie Blüten unbekannter Früchte. Im Paradies kostet er auf jeden Fall fünf Franken …

Tische und Stühle stehen eng beieinander, in zwei langen Reihen, in deren Mitte man tanzt. Ich sitze gern am Rand. Manchmal kommt ein Engel vorbei und streicht mir die Haare. Denn es leben Engel im Paradies, selbstverständlich …

Sie entstammen allen Rassen der Erde, sie sind weiß, gelb, schwarz, braun, schattiert, gemischt, nuanciert, mit schwarzen Augen und hellen, mit dicken Lippen und schmalen, mit schweren und zarten Brüsten, mit breiten und schlanken Hüften, mit Knien aus kühler Seide, sie sind braun geschminkt und weiß gepudert; kurz: sie sind Engel …

Ins Paradies kommen sie – weiß man woher? –, um zu tanzen. Sie lassen sich von Männern umarmen, die von Engeln keine Ahnung haben. Sie lassen sich eine Limonade bezahlen und müßten Champagner trinken. Sie verdienen sehr wenig Geld und dennoch geben sie ihre Nächte her.

Ich gönne sie nicht allen Tänzern.

Ich gönne sie nicht den Handlungsreisenden mit den breiten Schultern aus Watteline, den Reisenden, die ohne Musterkoffer einen Abstecher ins Paradies machen und trotzdem erkenntlich sind. Ich gönne sie nicht den schmiegsamen Krawattenverkäufern, den Knochenweichen, Rückgratlosen, aus denen man einen modernen Knoten flechten könnte. Ich gönne sie nicht den bürgerlichen Ehrenmännern aus Boston, Liverpool und Amsterdam, die, befreit von ehelicher Aufsicht, eine Mädchenbrust an eine wollüstige Brieftasche drücken.

Ich gönne sie den Matrosen, den ewigen Knaben mit dem schwankenden Gang, mit den blauen Augen und den kindlichen Kragen, die auch im Paradies ein ewiger Seewind bauscht; den Negern, den Halbnegern, den javanischen Schiffsköchen, den mongolischen Boys, den abessinischen Prinzen und den schweren Fuhrwerkern aus den Markthallen. Sie kommen alle ins Paradies. Sie kommen aus den Kolonien, sie kommen aus den Kriegen, sie kommen aus Tunis, Algier, Marokko, aus den Häfen von Marseille, Bordeaux und Le Havre ...

Manchmal ist das Paradies wie der tiefe Bauch eines Schiffes. Der ganze Raum schwankt gelind und unaufhörlich, und ohne Pause spielt die Kapelle das Konzert der Maschinen. Das Gefühl des Geborgenseins und gleichzeitig der Verlorenheit hält mich für ewig hier. Niemals wird es Tag werden, niemals irdische, von Sonne, Arbeit, Mittagspause, Turmglocken bestätigte Wirklichkeit. Dieses Gemach segelt mit mir durch den Ozean der Welten. Wenn die unaufhörliche Musik eine halbe Minute aufhört, ist es wie der unendlich stumme Augenblick, der während eines Gewitters zwischen Blitz und Donner geklemmt ist, furchtsam, atemlos, ohne Herzschlag.

Auf einmal wechselt die Beleuchtung. Sie fällt in das tiefe Grünblau nächtlicher Wiesen, dann in ein dunkles Rot von Rubinen. Die Lippen der Menschen werden blau und die Zigarette in meiner Hand ein kleiner Stab mit einem silbernen Brandköpfchen, auf dem ein Netz zarter Filigranasche geflochten ist. Dann wird es orangegelb im Paradies. Die Ziehharmonika allein spielt mit menschlichen Seufzern beim Atemholen ein Lied, das zwischen Europa und Afrika gelegen ist, wie eine Insel, eine orangegelbe Melodie. Die erinnert an die Volkslieder aller Nationen und besonders an slawische Sommernächte. Es ist, als erhielte die Ziehharmonika allein die goldgelbe Beleuchtung. Es ist ein abendliches Instrument. Es gebärt und nährt diesen übertriebenen Sonnenuntergang ohne Sonne: den Weltuntergang.

Alle Menschen wissen schon, daß sie verloren sind. Die

Mädchen werden noch verlorener. Selbst die Handlungsreisenden möchten weinen.

Aber dazu kommt es nicht. Es darf nicht sein. Der letzte Seufzer der Ziehharmonika bläst das orangene Licht aus und die Flöte entzündet wieder das Silber an der Decke.

Neue Ankommende, zum Paradies Verdammte, schüttet die Straße hinunter. Ein neuer Engel kommt: blaßgelb, dritte Generation Mischung; im zarten Gesicht ein breiter, immer offener Mund. Er enthüllt ein starkes weißes Gebiß, eine zärtliche Drohung.

Es ist eines der unerforschlichen Rätsel der Natur, daß diese Frau mit den starken großen Zähnen so demütige, so gebrechliche Fußknöchel hat; und einen Fuß, der die Stufen der Treppe nicht tritt, sondern küßt. –

Druckvorlage: Frankfurter Zeitung, *14. April 1926.*

Das nachgemachte Ceylon

Im Jardin d'Acclimatation hat Hagenbeck eine Schau errichtet. Auf einem weiten runden Platz, in dessen Mitte eine erhöhte Bühne aufgestellt ist, leben singalesische Handwerker, indische Fakire, mohammedanische Seiltänzer mit Frauen und Kindern. Sie schlafen und arbeiten in kleinen Hütten, die an der Peripherie des Runds aufgestellt sind, in heimatlichen Hütten, die so leicht und luftig, so südlich und offen sind, wie die Hütten der Eingeborenen auf Ceylon. Indessen aber liegt der Jardin d'Acclimatation im Pariser Bois de Boulogne, und die Singalesen, Inder und Mohammedaner haben die Krankheit der gemäßigten Zone bekommen: den Schnupfen.

Man nennt die Pariser Hagenbeck-Schau kurz und unrichtig: das Hindudorf. Meist regnet es im Hindudorf. Der Himmel ist grau, unbeständig, kleine, charakterlose, blaue Löcher unterbrechen die Wolkenschicht, wie Narben einer vergangenen Schönheit. Auch Nordwestwinde blasen. Die Bewohner des Dorfes bekommen vollständige Verpflegung, das heißt: Reis, Reis, Reis und etwa hundert Mark im Monat Gehalt für ihre Bemühung, exotisch zu bleiben.

Sie sind den ganzen Tag exotisch. Einige sitzen auf Elephanten, in leichte, bunte Leinwand gehüllt, mit Zöpfen versehen und infolgedessen nicht sofort als Männer erkennbar. Die Elephanten sind gutmütig, geduldig, sie haben die Klugheit von Großvätern, die Dressur von Pferden, die Sanftmut von Schafen, die Farbe von Eseln. Mit den Rüsseln nehmen sie Geldstücke und Zigaretten für ihre Reiter entgegen. Sie reis[s]en ihre großen Mäuler auf und tragen auf den riesigen Unterkiefern einen Singalesen, der es gern hat. Sie können auch auf drei Beinen gehen und auf dem vierten hocherhoben einen Menschen führen. Auch Europäer setzen sich gegen eine Taxe auf ihren Rükken und reiten durch das Hindudorf. Die Elephanten gehen Fußgängern, Kindern, Stühlen, Karren aus dem Weg. Man sollte glauben, daß sie derlei Kleinigkeiten gar nicht merken. Sie aber sind vorsichtig, leicht, elegant, behutsam. Das Wort von der Gefährlichkeit eines Elephanten im Porzellanladen ist gar nicht wahr. Es ist auch nicht wahr, daß Elephanten trampeln. Sie schweben fast. Sie haben den Gang überdimensionaler Kater. Eine alte englische Touristin ist ein Elephant gegen einen Elephanten.

Andere Bewohner des Hindudorfes beschwören Schlangen, jonglieren mit Kugeln, weissagen aus der Hand, blasen dabei exotische Melodien, auf exotischen Trompeten mit kleinen Bäuchen, die so aussehen, wie gekrümmte Krüge und deren Töne so fremd und wehmütig sind, wie eine Abendsonne im südlichen Meer. Andere wieder tragen bunte Büsche auf den Köpfen, silberne Gürtel, blaue Seide, Turbane, rasselnde Instrumente, Elephantenzähne und klirrende Silbermünzen. Sie tanzen. Die Frauen, in Blau und Silber gekleidet, stellen sich in einer Reihe auf die Bühne, mit Rasselinstrumenten in den Händen. Sie singen eine eintönige, kindliche Melodie, schreiten vor und zurück, turnen mit den Armen. Der Seiltänzer besteigt, ein paar Krüge auf dem Kopf, eine hohe Bambusstange und schaukelt auf ihrer Spitze, wie eine schwere Frucht im Wind. Ein Fakir packt seine Frau in einen winzigen Korb, durchsticht ihn mit Schwertern und zieht die unversehrte Frau wieder aus dem

Korb. Der Schlangenmensch verschränkt die Füße hinter dem Kopf und kratzt sich mit den Zehen.

Indessen sitzen die singalesischen Handwerker in ihren Hütten. Sie stanzen Ornamente in Messing und Silber, sie schmieden Ringe, schleifen blaue Mondsteine, sticken große goldene Räder in feine Leinewand, sie weben, drechseln Stöcke und bestreichen sie mit warmen Farben, die so fett und glänzend sind, wie Siegellack. Alle haben eine unendliche Geduld, große schwarze Augen in großen, bläulichen, kreisrunden Augenhöhlen. Wenn sie von ihrer Arbeit aufblicken, um eine Zigarette zu fordern, ist es, als schlügen sie nicht Lider auf, sondern, als zögen sie Vorhänge von schwarzen Seen weg. Ihre Augen sind feucht und fest, als läge über dem Augapfel noch eine gefrorene und tauende Träne. Die Kreise, in denen die Augen eingebaut wurden, sind sanfte blaue Ufer. Feine Äderchen bilden ihre Flora. Die Hände der Arbeiter sind trocken, schnell und sachlich, flinke Tiere aus Knochen, Haut und glänzenden, blauen Nägeln. Es sind selbständige Hände, mit eigenen Augen – und jeder Finger hat sein eigenes Gehirn, jeder Nagel seine eigene Geistesgegenwart. Jedes Fingergelenk hat seine eigene Physiognomie.

In einer Hütte ist die Schule untergebracht.

Ich habe eine ganz andere Schule besucht. Mein Lehrer saß auf einem Katheder, mit einem Rohrstöckchen, und wir, zweiundzwanzig Buben, steckten auf unseren Sitzen, wie aufgespießte Federhalter in einem weichen Tintenbrett. Unser Schwamm war trocken und stöhnte auf der Tafel wie ein verwundetes Tier. Unser Lehrer hatte einen blonden herzförmigen Bart, dessen Spitze nach oben ging wie seine Nase und wie die aufwärts gebogenen Sohlen alter Schuhe.

Hier sitzt der Lehrer in einer Reihe mit sechs Kindern beider Geschlechter. Die Kinder dürfen schmutzig sein, die Hütte ist offen, Publikum strömt herbei, die Kinder halten kleine Schiefertafeln in der Hand, aber es sind nur Symbole. Niemals schreiben sie, niemals löschen sie das Geschriebene aus. Die fremden, schönen, runden Buchstaben auf den Tafeln sind schon vom Fabrikanten gedruckt worden. Die Kinder wiederholen immer das Alphabet, nehmen Zigaret[t]en und Geldstücke für ihren Lehrer entgegen und müssen niemals eine Klasse «repetieren». Sie haben zwar den ganzen Tag Schule, aber sie können sich allerlei dabei denken. Ihr Lehrer sitzt mit untergeschlagenen Beinen und sein Gesäß ist sein Katheder. Diese Kinder lernen die Welt kennen, ehe sie noch das Alphabet lernen. Denn sie fahren durch alle Städte der Welt und alle Menschen kommen zu ihnen. Sie lernen die Geizigen von den Verschwenderischen unterscheiden. Sie lernen betteln und werden lebenskundige Analphabeten.

Dennoch ist dieses Hindudorf eine traurige Institution. Seine Bewohner haben den Schnupfen und wissen nicht, daß er die Grippe ist. Sie werden im Winter in Berlin sein, im Frühling in London, sie wissen nicht, wodurch sich Berlin, Paris, London voneinander unterscheiden. Sie verlassen nicht den Jardin d'Acclimatation. Man hat ihnen Ceylon nachgemacht, so gut es gegangen ist. Aber Ceylon ist weit, der Himmel ist grau und es regnet im Hindudorf.

Druckvorlage: Frankfurter Zeitung, *4. Mai 1926.*

Der Herr Minnesänger

So habe ich mir immer den «Sieger» vorgestellt, der die Feder nicht verachtet, obwohl er den Säbel verehrt. Im «Feindesland» angekommen und im Quartier untergebracht, schnallt er diesen ab, nimmt jene zur Hand («ergreift» sie beziehungsweise) und durchforscht alle Schubläden nach erotischen Requisiten. Er beschäftigt sich mit der feindlichen Nachtkasten-Literatur.

In Mußestunden zeichnet er auf, was ihm so durch sein angebliches Gehirn geht. Im Kasino gilt er als Belehrter und Belesener. Er ist einer, von dem die Kameraden sagen: «Major Delmar? Kennen Se nich?! Der schriftstellert ja!»

Vielleicht macht er auch Gelegenheitsgedichte zu Regimentsfeiern. So wird er ein Grenzfall. Zwischen Mars und Apoll ist er gelegen. Welche Schriften aber stellert er zumeist? – Tagebücher, Memoiren und sogenannte Splitter.

Ein so langer Feldzug in Frankreich (man kann auch Welschland sagen), wie ihn uns Gott zwischen vierzehn und achtzehn beschert hat, verursacht ein ganze[s] Buch des Herrn Majors. Er hat es in freien Stunden verfaßt, so unterwegs, zwischen Stahl- und Wannenbad, wenn das Schlachtroß in den Stall einkehrte, um den Pegasus hinauszuschicken. Das Buch heißt «Französische Frauen, Erlebnisse und Beobachtungen, Reflexionen, Paradoxen». Maximilian Delmar ist der Urheber, Ernst Günther in Freiburg der Verleger.

Ich gebe Zitate[:]

«Eros ist ein Schalk, der seinen Spott so lange treibt, bis das Unheil geschehen ist. Wesenheit der Liebe des Weibes ist Spiel. Somit erkläre ich den Scherz für die wahrhafte Methode, wie sie einzig unserer Abhandlung gemäß ist.»

Da haben wir's! Das Schlimmste, was mir im Leben zustoßen konnte, ist ein scherzender Herr aus dem Kasino. Die Folgen seiner witzigen Veranlagung sind unbeschreiblich und nur zitierbar:

«Wir haben es (in Frankreich) mit einem Erdstrich zu tun, wo weder friesische Geschlechtskühle, noch die vernichtende Passion der Liebesnächte von Neapel oder Sevilla zu finden sein werden.»

«In Frankreich haben wir vornehmlich in den für die menschliche Brunst entscheidenden Frühjahrsmonaten den allen verliebten Frauen so angenehmen Wechsel zwischen lauen Tagen und abkühlenden Nächten zu beobachten.»

«Die Französin glaubt erst an die Maturität eines Mannes, wenn er sich mit Erfolg ihrer eigenen Prüfung unterworfen hat. Sie erkennt den Geist des Mannes in dem Organ, das ihr huldigt.»

«Die Geschichte von Fifis Brautnacht liegt im Dunkel und Schweigen eines Hotelzimmers von Nizza.»

Wenn dieser Herr Major ein paar Seiten über die Erotik der Großstadt geschrieben hat, setzt er an den Schluß folgenden Satz:

«Mit diesen wenigen Strichen ist die Eigenart der großstädtischen Erotik gezeichnet.» (Punkt. Basta. Widersprechen Sie nicht!)

«Die französische Jungfrau wartet auf den Bräutigam und nicht auf den Liebhaber –». (Er hat also Pech.)

Ein Gedicht:

«Köstlich hielt der Künstler zwischen zwei Gebärden,
deren Triebe wichtig sind auf Erden:
Amor spielt der Psyche an den Beinen
Denn die Liebe muß im Leib erscheinen.»

«Der Hochzeitstag bringt immer die Entscheidung für die endgültige Daseinsform im Leben des französischen Weibes.» – –

«Wer diese Tränen noch nicht geküßt hat, ahnt nichts von der Lust, die eine ehebrecherische Französin zu schenken vermag.» (Er hat also kein Pech gehabt.)

*

Er hat Erfahrungen gesammelt, dieser Herr Major, kein Zweifel! Er hat Balzac, die Goncourt[s], Flaubert, Maupassant gelesen und mit beträchtlichen Abschnitten klassischer Werke sein Buch gefüllt. Er ist ein Meister der pornographischen Ideenassoziation. Kein Gürtel, kein Kamm, keine Schublade, keine Ansichtskarte – kein Gegenstand im feindlichen Quartier ist vor seiner willkürlichen pornographischen Auslegung sicher. Dieser Major unterscheidet sich nicht von den Schulknaben, die in Lesebüchern Worte wie Gier, Mieder, Busen mit rotem Bleistift anstreichen und in den Zehn Geboten nach der Phrase vom «Weibe des Nächsten» suchen.

Das wäre eine Privatsache, die uns nichts anginge, wenn dieser Major nicht vor die Öffentlichkeit getreten wäre: ein Ehrenmann, der Vorhänge wegreißt, in Schlafzimmern schnüffelt, Geheimnisse enthüllt, die ihn selbst verraten. Er ist schon längst entkleidet, nackt steht er vor uns. Das wäre nicht unsympathisch. Aber er hat den Säbel nicht abgeschnallt, und das Rasseln ist unappetitlich. Auf seinem Nachthemd glänzen die Tressen.

Hier ist einer, von dem man nicht sprechen würde, wenn er nicht so unverschämt wäre, nach dem verlorensten aller Kriege, aus einem Land, das mit Friedhöfen zum Bersten gefüllt ist, seine Erinnerungen an Nachtkästchen und Kasinoanekdoten mitzubringen. Er ist nicht auf dem großen Totenacker geblieben, der für ihn ja ein Feld der Ehre ist. Aber statt seinem Schöpfer für die unverdiente Gnade zu danken, geht er hin und erzählt schmunzelnd vor aller Welt, er habe sich im Boudoir aufgehalten.

Und nichts rührt sich. Keine Hand erhebt sich, kein Invalide streckt seine Krücke. Die Toten schweigen, wie die ehebrecherischen Frauen.

Druckvorlage: Frankfurter Zeitung, *9. Mai 1926.*

III. ABSCHIEDSBRIEFE AN EINEN REDAKTEUR

Paris, le 29. Avril 1926.

Sehr verehrter und lieber Herr Reifenberg, herzlichen Dank für Ihren letzten Brief und die schönen, guten Worte, die Sie mir über das Paradies sagen. Sie sind unverdient. Man hätte noch viel mehr schreiben müssen und mein Feuilleton enthält nur einen Teil des Paradieses. Ich schicke Ihnen morgen ein paar Buchbesprechungen, in den nächsten Tagen ein Feuilleton über den Prediger Samson.

Ihren offiziellen Brief beantworte ich morgen, offiziell und für den Verlag berechnet. Ich habe einige Gegenvorschläge, Combinationen, die meine Niederlage, unsere Niederlage, mildern könnten, wenn der Verlag darauf eingeht. Dank für Picard*. Ich sehe ihn morgen. Es ist schlimm, ich kann nicht zu Ullstein, auch für 1500 nicht im Monat und ich kann nicht für Herrn Monty Jacobs** schreiben, statt für Benno Reifenberg. Ich müßte die Journalistik an einen sehr hohen Nagel hängen, oder für den – Fr[an]kf.[urter] Generalanzeiger schreiben, der immer

* Max Picard (1888–1965), Arzt und Kulturphilosoph.

** Montague «Monty» Jacobs (1875–1945), Redakteur der *Vossischen Zeitung*, die im *Ullstein Verlag* erschien.

noch besser ist, als Ullstein. Dazu kommt, daß ich plötzlich krank geworden bin, «sehr krank», eine schlimme Hautkrankheit. Es sah eine Zeitlang aus, «wie Syphilis», die Blutprobe ist jedenfalls noch nicht gemacht. Ich bin ganz besät von roten Beulen, kann nur im Dämmer in ein Lokal gehn, niemandem die Hand geben, ich bin ganz eingeschmiert mit Schwefel und stinke. Sie würden mich nicht anspucken, obwohl Sie mein Freund sind, denn Sie sind ebenso empfindlich, wie Sie gut und fein sind. Diese Krankheit muß 4–5 Wochen dauern, die Dermatologie lernt an mir und behauptet, es sei eine Krankheit, die mit dem Haarausfall zusammenhängt und mit dem – jetzt erst! – Ende der Pubertät. Bei mir! So rächt sich Gott, Jehovah, sein Name sei gelobt! Ich habe schon, ohne mir zu schmeicheln, eine Matratzengruft und soll Paris verlassen! Ich bitte Sie, mir Geld schicken zu lassen, es ist ohnehin schon Monatsende. Mein Maigehalt. Ich schreibe noch einen Brief deswegen an den Verlag und an Herrn Nassauer*. Grüßen Sie ihn! Ist er gesund? Warum kümmert sich der Verlag nicht um meine Bitten, wenn ihm wirklich an mir gelegen ist?..

Morgen, nein übermorgen schreibe ich Ihrer Frau. Ich danke Ihnen schon jetzt für Jan**. Er ist schon jetzt, wie er sein wird. Er bekommt einen feinen überlegenen jüdischen Blick, denselben, den Ihre Schwester hätte, wenn sie nicht so kurzsichtig wäre. Gottseidank ist er nicht deutsch noch holländisch, sondern slawisch und jüdisch. Das letztere wird nicht schaden, wenn er diese Frische behält, die er behalten wird. Ich vergleiche ihn mit

* Siegfried Nassauer (1868–1940), Geschäftsführer der *Frankfurter Societäts-Druckerei GmbH.*

** Jan Reifenberg (1923–2014), Sohn von Benno und Maryla Reifenberg.

meinem alten Bild, auf dem er die Hand in die Höhe streckt und sehe, wie überraschend schnell er das erreicht hat, was er dort anstrebte. Er ist fix[?] geworden, der kleine Jan. Wenn ich nicht krank wäre, hätte ich den Wunsch, seine kleine weiche Hand zu fühlen.

… Ich bin ganz elend, fleißig, arm und verlassen, der Frühling ist kalt, es juckt mich überall, in der Nacht muß ich arbeiten, um mich nicht zu kratzen und am Tag bin ich miserabel. Morgen soll es anfangen, zurückzugehn, sagt der Arzt. Ich werde froh sein, wenn meine Extremitäten frei sind. Anstekkend ist es jedenfalls nicht. Darauf bin ich stolz!

Wer ist Prof. Salomon* aus Fr[an]kf[u]rt? Er ist nach Paris gekommen und hat unterwegs der Valeska Gert** erläutert, daß ich der modernste fescheste Journalist bin.

Dieser Brief – ich weiß es – wird Ihnen einen großen Ekel vor mir hervorrufen. Bekämpfen Sie ihn, darin besteht die Freundschaft. Von uns beiden habe ich es leichter, denn Sie sind gewiß ein besserer, schönerer – welch ein Comparativ! – Mensch, als Ihr

alter mießer

Mojsche Joseph Roth

Kracs Regenschirm*** war reizend bis auf die letzten 2 Absätze. Die Aufmachung des Abendblattes ist noch zu klein.

* Gottfried Salomon (1892–1964), Soziologe in Frankfurt, außerplanmäßiger Professor, bei dem u.a. Theodor W. Adorno und Walter Benjamin hörten.

** Valeska Gert (1892–1978), Tänzerin und Schauspielerin.

*** Roth bezieht sich auf Siegfried Kracauers Feuilleton *Falscher Untergang der Regenschirme*, in: *Frankfurter Zeitung*, 7. April 1926.

Erstveröffentlichung in gekürzter Form in Briefe 1911–1939, *hg. von Hermann Kesten, Köln und Berlin 1970. Druckvorlage: Handschrift, ein Blatt, beidseitig beschrieben, auf Papier des* Café de la Régence (Place du Théâtre Français), *DLA.*

Paris, le 9. V 1926

Lieber Herr Reifenberg, ich bin entsetzt von Sieburg* und verzweifle über der Vernunftlosigkeit des II. Stocks, des Verlags und Simons**. Dem hätte ich doch etwas Instinkt zugetraut. Ich muß Ihnen schon den Vorwurf machen, daß Sie, ganz abgesehen von meinem Fall, nicht genügend Energie aufgebracht haben.

Ich bin entsetzt darüber, wie mich der Verlag behandelt. Ich habe gebeten um einen Vertrag und um Zuschuß. Da dieses nicht erfüllt wurde, ja, sogar unbeantwortet geblieben ist, habe ich Herrn Nassauer um einen gewöhnlichen Vorschuß (Vorschuß vulgaris) gebeten. Auch das bekomme ich nicht. Ich kann mit 600 M. nicht auskommen, ich kann nicht so behandelt werden. Wenn die F.Z. sich nicht von Ullstein menschlich unterscheidet, so hat sie nur Nachteile. Ich muß darauf bestehen, daß ich Vertrag + 1000 M. Gehalt bekomme.

Seitdem ich Sieburg gesehn habe – der mich übrigens taktlos anruft und fragt: Wann fahren Sie weg? – stehe ich überhaupt ganz anders. Dem Verlag, der Poldi Weiß*** Tausende zuwirft, bringe ich kein Vertrauen mehr entgegen. Es wird nicht zu halten sein. Es ist Ihre Niederlage. Sie haben einen Posten, auf dem Sie sich und Ihre Freunde opfern – für wen? für ein demokratisches Blatt!!! Erdenken Sie, ob es lohnt, ein Leben zu verlieren! Ich begreife Sie nicht mehr.

* Friedrich Sieburg (1893–1964), Journalist und Schriftsteller, wurde 1926 Korrespondent der *Frankfurter Zeitung* in Paris und verdrängte damit Roth praktisch aus seiner Position in Paris.

** Heinrich Simon (1880–1941), Mitinhaber der *Frankfurter Zeitung*.

*** Leopold Weiss (1900–1992), Korrespondent der *Frankfurter Zeitung*.

Ich bin sehr traurig – über Sie, nur über Sie.

Ihr

Mojsche Joseph Roth.

Ich mache Sie darauf aufmerksam, daß sich in Paris eine Clique bilden wird bestehend aus

Frau Helen Hessel*

Klaus Mann**

Friedrich Sieburg

Dr [Walter] Benjamin, derselbe, der Ihnen die blödsinnigen Aphorismen geschrieben hat. Die werden Feuilletons durch Sieburg hinschicken.

Ich mache Sie dafür verantwortlich, weil ich, für den Fall, daß ich bleibe und der Verlag meine Bedingungen erfüllt, Paris noch nicht aufgegeben habe – für später. Ich möchte nicht plötzlich noch einen impotenten Kulturjuden mit Aphorismen haben.

Dr Benjamin ist zwar Krac[auer]'s Liebling, aber ein schlechter Journalist und ein träger Jud. Krac, der liebe, gute Krac, überschätzt leicht die Abstracten. Die fürchterlichsten Kerle.

Ich war entsetzt über Diebold's*** Bericht über Klaus Mann.

* Die Journalistin Helen Hessel (1886–1982), verheiratet mit dem Schriftsteller Franz Hessel, schrieb seit 1925 Reportagen aus Paris für die *Frankfurter Zeitung*.

** Klaus Mann (1906–1949) hielt sich seit 1925 sehr viel in Paris auf.

*** Bernhard Diebold (1886–1945), Literatur- und Theaterkritiker der *Frankfurter Zeitung*.

Wir können dem

Scheißbengel,

keine Reklame machen. Nur das «Weltblatt» die F.Z. fällt noch auf so was herein. Es hat auch den besten Kritiker und Literaturkenner.

Druckvorlage: Handschrift, eine Seite, zweispaltig beschrieben, auf Papier des Restaurants Le Grammont (15, Boulevard des Italiens, Paris), *DLA*.

Paris, am 13. Mai, 1926.

Lieber teurer Herr Reifenberg,

dieser Brief – es wird der letzte meiner langen Briefe an Sie sein – muß geschrieben und von Ihnen gelesen werden, auf die Gefahr hin, daß sie ihn für überflüssig und nutzlos halten. Es wäre dringend nötig, daß Sie mit mir sprechen. Denn ich sehe, wie falschen Klang die geschriebenen Worte bekommen, wenn sie im Postkasten gelegen sind und, daß Sie etwas anderes gehört haben, als, was ich gesagt hatte:

1.) Der Herr Minnesänger* ist ein schlechtes Referat gewesen – ich weiß es – und hätte die Stelle, die es eingenommen hat, in einem besseren, weiter verbreiteten und interessanteren Litteraturblatt nicht verdient. Bei uns ist es immer noch besser, als ein Stefan Zweig, Thomas Mann, Efraim Frisch. Weil Sie das Recht und die Pflicht haben, zu ändern und zu streichen, bin ich immer einverstanden und wenn Sie mir etwas streichen, was ich für genial hielte, ich gäbe Ihnen auch dann Recht. In dem vorliegenden Fall war das Gestrichene sogar schwach. Aber mir scheint, ich habe vor Majoren weniger Angst, als die Redaktion. Diese Bande wird von Deutschland ohnehin so gut behandelt, daß es nicht schadet, wenn einmal gesagt wird, daß ein Majorsrang die Vollendung der Pubertät nicht garantiert.

2.) Gegen Herrn Nassauer, den ich liebe, war ich nicht ungerecht. Ich habe nur gefürchtet, seine Autorität reichte nicht einmal zur Gewährung eines Vorschusses. Ich bin im Besitz des Geldes – gewesen. Denn ich habe infolge meiner Krankheit

* Roths Rezension des Buches *Französische Frauen* von Maximilian Delmar, siehe S. 46–49.

noch mehr Schulden gehabt, als ich normaler Weise habe. Gegen den Verlag kann ich nicht ungerecht sein. Er war es gegen mich. Er hat mich wie einen Spaßmacher behandelt, statt wie einen seiner bescheidensten aber gewissenhaftesten Journalisten. Eine Zeitung hat vor Allem Journalisten nötig. «Dichter», «Denker», «Propheten», «Theaterkritiker», «Heroen» kommen für die Zeitung erst später in Betracht. Einen Brief vom Verlag habe ich noch nicht. Er hat mir auf meine Bitte um Erhöhung meiner 600 Mark und um einen Vertrag nicht geantwortet. Wenn er sich weigert, mich zu binden, statt sich selbst um eine Bindung zu bestreben, dann gibt er damit zu erkennen, daß ihm ein Journalist – er hat nicht viele – wenig bedeutet.

3.) Ich verlange nicht von Ihnen Unmögliches. Ich habe das Recht, etwas von Ihnen zu verlangen, von Ihnen selbst erhalten und Sie dürfen nicht ungeduldig werden. Die Geduld ihrer Freunde ist groß. Ist es unmöglich, einen gemeinen, reaktionären, mich und alle Journalisten degradierenden, platten, spießbürgerlichen Artikel von Herrn Diebold nicht erscheinen zu lassen, der nicht einmal für's Zwickauer Morgenblatt paßt? Ist es unmöglich, Brentanos* Artikel über Berlin zu bringen? Ist es unmöglich, ihn zu fragen, ob er mit einem Stellvertreter in Berlin (und mit diesem) einverstanden ist? Ist es unmöglich, für mich Erhöhung und Vertrag zu verlangen? Ist es unmöglich, zu gestehen, daß man von Herrn Bendemann nichts gewußt hat? Ist es unmöglich, einen jüngeren, moderneren Stellvertreter zu suchen? Ist es unmöglich, mit den Barmherzigkeits- und Protektionsprinzipien dieser Zeitung sich endlich wenigstens nicht

* Bernard von Brentano (1901–1964), Schriftsteller und Journalist. Berlin-Korrespondent der *Frankfurter Zeitung*.

einverstanden zu erklären? War es unmöglich, zu verlangen, daß mir meine Weißen Städte* zurückgegeben wurden, weil ein Hauslehrer sie schlecht fand? Ist es unmöglich, die stundenlangen Konferenzen mit Diebold aufzugeben und ihm zu sagen, daß man sie nicht für so nötig hält, wie er?

Wenn alles Das wirklich unmöglich ist – in des Wortes ganzer Bedeutung – wenn man hinter Ihrem Rücken etwas macht, was Sie decken müssen, wenn Sie anfangen, Sich einzubilden, daß Sie auch einem Freund nicht gestehen dürfen, daß man gegen Ihren Willen etwas gemacht hat, dann gebe ich meinen Kopf als Pfand, daß Sie niemals niemals etwas von Dem erreichen werden, was Sie wollen.

4.) Niemand schreibt so viel, wie ich, obwohl alle außer ihrem Gehalt auch ihre Artikel honoriert bekommen. Dem Herrn Diebold müßte man die Artikelhonorare von seinem immensen Gehalt abziehen, für jede Kritik 100 Mark. In jeder anderen Zeitung müßte er so viel bezahlen, um gedruckt zu werden und er würde im Inseratenteil erscheinen. Dafür, daß er Ihnen Klötze in den Weg legt, bekommt er 1200 Mark. Das ist seine «Redaktionsarbeit». Dafür, daß er sich vor mießen Weibern wichtig macht, Arien singt, jeden Menschen stört und – wenn er was gut redigiert – nur die schädlichen Aufsätze seiner Freunde redigiert – denn alles Andere redigiert er schlecht – dafür bekommt er 1200 Mark, soviel wie Dr Guttmann**, unser Minister des Innern. Dafür, daß er gegen Sie intrigiert, Krac.[auer] verachtet,

* Roths Frankreich-Buch *Die weißen Städte* blieb zu Lebzeiten ungedruckt und wurde erst postum aus seinen nachgelassenen Papieren herausgegeben.

** Bernhard Guttmann (1869–1959), Leiter der Berliner Redaktion der *Frankfurter Zeitung*.

Komplotte schmiedet. Und für den schädlichsten Teil seiner Tätigkeit – für seine Artikel – kriegt er noch Extrahonorar. Einen so wollüstigen Selbstmord einer Zeitung habe ich noch nicht gesehn.

Wenn wir anständigen Menschen 20 an der Zahl wären und jeden Tag schrieben, könnten wir die Schädlichkeit eines einzigen Worts von Diebold nicht aufheben. Sie meinen, es gäbe nur ein Mittel: schreiben, schreiben, schreiben? Es gib ein Einfaches: Wirkungsvolles: Streichen, Streichen, Streichen! Sie wollen nicht eine stinkende Quelle verstopfen! Sie wollen, wir sollten so viel klares Wasser in sie schütten, daß sie nicht mehr stinke. Sie aber hört nicht auf, zu stinken und verpestet unser Wasser!

5.) Was die Zeitung mit Sieburg macht, ist Ihre Sache! Zumal, wenn Sieburg etwas mit Roth macht. Zumal, wenn man Sie nicht fragt. Der Mensch ist wichtiger, als die Feuilletons und man soll auf die guten Feuilletons eines niedrigen Subjekts verzichten. Im Grunde kann kein Wort eines gemeinen Menschen gut sein. Seit wann haben Sie, ausgerechnet Sie, den amerikanischen Grundsatz? Clique ist gut, aber Clique steht gegen Clique. Ihre Objektivität wird Sie vernichten. Sie sollen nicht Engel wollen, sondern aufrichtige Menschen.

6.) Dr Benjamins Aphorismen waren ausgezeichnet. Wissen Sie, was man in Zeitungen mit Aphorismen macht? Schabbes macht man damit. Ich kenne Dr Benjamin persönlich. Er ist ein Deikezer! Ein Klärer!* Er ist diese impotente Mischung von

* Roths ostjüdische Beschimpfungen lassen sich kaum angemessen übersetzen. Als *Klärer* werden selbstverliebte Talmud-Erklärer verstanden, die letztlich nur Verwirrung stiften. Ein *Deikezer* ist ein Schwätzer.

Jud und Deutsch, die flache Moriz Goldschmidts* und tiefe Benjamins hervorbringt. Er redet eine Stunde über die Bedeutung der Verjüngung der Frauen, willkürlich, er handelt in Luftgeschäften. Nicht zu verwechseln mit Krac[auer]! Nicht an Kracs ausgetretene Absätze reicht er! Krac ist klar, fundiert, scharf, bitter. Krac holt Abstraktionen aus der Luft und macht sie lebendig. Krac ist ein philosophischer Poet, deshalb journalistisch zu verwerten. Benjamin dreht einen Körper so lange herum, bis er Dunst wird. Krac ist ein siamesischer Prinz. Benjamin kommt «von der Börs», klein, verdreckt, mit scharfen Brillen, abgekauten Fingernägeln, roten, glatten, glänzenden Bäckchen. Ihr Bruder hat einen Horror bekommen, als er ihn im Café sah. Benjamin kriecht der Frau H.[essel] – einem Berliner Snob, in den Arsch. Krac würde sie verachten.

7.) Ich rede nicht pro Domo. Ich will die Zeitung warnen. Krac ist ein lieber Mensch. Aber ein Kenner von Menschen ist er nicht. Und der Mensch, der Mensch, der Mensch ist wichtig. Heutzutage kann ein Kamel Aphorismen schreiben und die Schweine grunzen so schön, daß es wie Shakespeare klingt.

8.) Ich bin nicht gesund. Alles tut mir weh: Leber, Herz, Blase, Nieren. Ich brauche Ruhe.

9.) Brentanos Fehler kenne ich. Er ist reich an Ressentiments, er wird erst ein Stilist von Rang werden, aber er gehört zu uns, ein gojischer Benjamin, er ist unser junger Bruder, er ist mutig.

10.) Wir lieben Sie, er und ich, ich mit dem Kopf, er mit dem Herzen. Sie müssen für 3 Tage kommen. Sie müssen sehn, wie

* Moritz Goldschmidt (1865–1934), Frankfurter Schriftsteller, schrieb u. a. für die *Frankfurter Zeitung* und war für seine Aphorismen bekannt.

anders sich die Zeitung von der Concorde ausnimmt. Kommen Sie, kommen Sie. 30 Mark kostet es!

Ihr alter Mojsche Roth.

Drücken Sie Jan* an die Brust, grüßen Sie zu Hause, in Polen sind schwere Unruhen mit Blut und Toten.

Druckvorlage: Handschrift, zwei Blätter, einseitig beschrieben, DLA.

* Reifenbergs Sohn.

IV. HEIMAT FÜR HEIMATLOSE

20 Minuten vor dem Kriege

In einem Pariser Kino zeigt man Aktualitäten der tausendfach vergangenen, weil durch den Krieg von uns geschiedenen Wochen, die Aufnahmen der altgewordenen Neuigkeiten, der Moden, der Tänze, der Fünf-Uhr-Tees einer Epoche, die aus ihrer läppischen Lächerlichkeit unmittelbar in ein blutiges Grauen hineintänzelte – einer Epoche, die so verlogen war, daß sie die Wahrheit ihres eigenen Untergangs gar nicht mehr erlebte. Sie war vor ihrem Tode schon tot. Ihre Kinder waren zu Lebzeiten schon Gespenster, in Gartenlauben aus Pappe gezeugt.

Die regelmäßig bei jedem Programmwechsel sich erneuernden alten Filme laufen unter dem ständigen Titel: «20 Minuten vor dem Krieg». Ihretwegen ist das Kino täglich ausverkauft, manchmal überfüllt. Alle Söhne gehen hin, ihre Väter auszulachen. Das große Familienalbum der Vergangenheit wird vor ihnen aufgeblättert. Es besteht aus Gräbern, die kein Grauen ausströmen, sondern unwiderstehliche Komik. Die Wirkung der Bilder gleicht ungefähr jener, die durch zwanzig Zylinder bei einer Leichenfeier hervorgerufen wird: über der Lächerlichkeit der Hüte verliert man den Schauer vor dem Sarg. Es entsteht eine sehr merkwürdige Art von Grauen, das nicht die Seele, sondern das Zwerchfell tangiert.

Wir sitzen vor der Leinewand und sehen eine jener alten preußischen Militärparaden, den Stechschritt der Regimenter zu Ehren des Kaisers, die wedelnden Pferdeschwänze an ihren natürlichen Orten und auf den Helmen, die fetten, dienstbeflissenen Gesichter, aus steifen Kragen hervorgepreßt und um künstliche Doppelkinne bereichert, Lakaien in Bratröcken, Bärte aus blondem Zwirn. Von Stolz und Eifer gezeugter Schweiß tropft auf knarrende Hemdbrüste, glänzende Manschetten aus leinewandähnlichem Blech rutschen über verlegen geschäftige, Hüte abreißende, Fähnchen schwenkende Hände. – Wir sehen die Pariser Menge von 1910, die den französischen Präsidenten erblicken möchte, Männer mit zusammengerollten Würsten aus schwarzer Seide, die Regenschirme im Ruhestand sind, mit Zwickern an breiten Halsbändern, die im Winde schaukeln, wie Hängematten für Sommerfliegen, mit Krawatten, die wie Matratzen über Brüste gebettet sind. Wir sehen Frauen in langen Schleppen, die wie unabsichtlich mitgezogene Teppiche sind, in Überziehern, die an den Hüften plötzlich Glocken werden, in kleinen Kapotthütchen, vielfach gefalteten, auf hohen Haartürmen sitzenden, mit Bratspießen befestigten. Alle Frauen haben die Form runder Türme, unten breit, oben schmal, wenn sie stehen verdeckt das Kleid ihre Füße, es ist im Straßenpflaster eingepflanzt, im Innern von einem Drahtgerüst gehalten. Auf der Spitze des Turms wimmern drei Kirschen aus Glas …

Man sieht den allerneuesten Pariser Tanz von 1908, vom berühmtesten Tanzprofessor jener Zeit vorgetrippelt. Der Professor trägt einen Cutaway mit blonder Weste, einen geschlossenen Stehkragen, der den Hals umgibt wie eine geschliffene Festungsmauer, ein kleines, schwarzes, gezwirbeltes Schnurrbärtchen. Er hat winzige Füßchen, er tanzt auf den Füßchen-Spitzen, mit Daumen und Mittelfinger hält er Daumen und Mittelfinger seiner Dame. Er trippelt zwei Schrittchen vor, eines zurück, dreht sich um seine Achse, legt das Köpfchen kokett auf die Schulter, betrachtet seine Füßchen, und klappert mit schamhaften Augenlidern den Takt zu seinen Bewegungen.

Man sieht die Modeschöpfungen eines alten, großen Ateliers: Vom Hals bis zu den Hüften sind Mannequins Atlaspanzer, von den Hüften bis zum falschen persischen Teppich sind sie Vorhänge von Provinzbühnen. Manchmal, wenn es hoch und schamlos hergeht, entblößen* sie unzüchtig einen Ellenbogen, die Verworfenen! Und wenn sie sich setzen, heben sie mit zwei Fingern das Kleid und locken mit sittlich verderbten Knöcheln. Oh, wie kupplerisch sind die Moden! Große aus Draht geflochtene, mit Samt und Tüll überzogene Teller wackeln auf den Köpfen, Straußfedern schaukeln auf den Tellern, fallen als Fliegenwedel ins Gesicht. Über die Kleider gehängt sind Bettvorleger, dreieckige, die in einer Troddel endigen. Alle Frauen legen, wenn sie lächeln, den Kopf auf eine Schulter. Und wann lächeln sie nicht, die Neckischen? Sie schlagen die Augen auf und zu, wie kostbare Schreine, in denen Versprechungen liegen …

Man sieht Filme, die vor dem Kriege gedreht wurden, zum Beispiel den von den Banknotenfälschern. Der junge Mann verbreitet das falsche Geld, um die Ansprüche seiner verworfenen, bis zum Hals zuchtlos zugeknöpften Geliebten zu befriedigen.

* Im Erstdruck: *entblößten*

Er wird entdeckt, seine Mutter kommt, er stand verborgen hinter einem Paravent. Jetzt stürzt er hervor, vom moralischen Impetus seiner Wandlung fällt die chinesische Wand um, er selbst folgt ihr und legt sich, mit steifem Oberkörper, in einem Winkel von 90 Grad auf die Knie, erhebt sich, von einer göttlichen, unsichtbaren Schnur hochgezogen, fällt mit hebelartig ausgestreckten Armen seiner Mutter um das Federboa, das ihr Hals ist.

Vor solch erschütternden Ereignissen sitzen wir da, die Kinder der Gegenwart, die Überwinder Darwins und Ibsens, der unverstandenen Frau mit der «Pleureuse», der Suffragette sogar, der Paradeuniform, des Regenschirms, des Vollmannes und des Suderbarts, der Schleppe und der Turmfrisur aus Zopf und Spießen; wir, die Betrachter der Neger-Revuen, der nackten Mädchen, wir, im Trommelfeuer Gehärteten und Gezeugten, Verächter der schönen Lüge, Bekenner der sozusagen häßlichen Wahrheit. Vor dem ganzen verlogenen Jammer unserer Väter, die den Film erfunden zu haben scheinen, um uns ihre Lächerlichkeit zu überliefern, lachen wir, lachen wir. Wir haben Boxer und Sportidioten, Amerika und Dauerläufer, Girls, die von Pastoren gezüchtet werden, eine Internationale sonntäglich wehender Windjacken. Aber wir haben keine Mieder statt der Brüste, keine Federboas statt der Hälse, keine Vorhänge statt der Beine und statt der Tragik keine Zylinder! Wo der Stechschritt noch ertönt, ist er bewußt verstorben, die Paraden dieser Zeit weihen schlimmstenfalls lebende Denkmäler ein (und nicht tote). Wir sind keine Optimisten, aber wir erwarten das Selbstverständliche. Wir wissen, daß die «Pleureusen» zum Stahlhelm führen mußten, daß ein gerader Weg sich zieht vom züchtigen Schleier zur Gasmaske und von der Gartenlaube zum Schützengraben. Und jenen Landsturm ohne Waffe, der die Felder der Ehre gepflügt hat, um uns dann hinzusäen mit weinerlichem Segen – – diesen verlogenen Vorabend des Krieges verlachen wir jeden Abend zwanzig Minuten lang, nicht länger, aus voller Brust. –

Druckvorlage: Frankfurter Zeitung, *11. Juni 1926.*

Der Fakir und sein Publikum

rth Paris, im Juni

In einem mondänen kleinen, vom sorgenlosen Menschen besuchten Pariser Theater trat der Fakir Tahri Bey auf. Er ist ein mittelgroßer, schwarzbärtiger, weißhäutiger, mit einer Art jenseitiger Jugend begabter Mann, die keineswegs von Jahren abhängig ist. Er trägt ein Lächeln um den Mund wie eine offene Blume. Seine auffälligste Eigenschaft ist seine sehr irdische Tugend, der Scharm, eine Tugend, deren ein Fakir scheinbar nicht bedarf. Dieser Fakir aber ist scharmant, gleichsam, um uns erdgebundenen Zuschauern entgegenzukommen.

An jenem Abend, an dem ich das Theater besuchte, gewann ich die Überzeugung, daß des Fakirs Entgegenkommen überflüssig, ja sogar ein grober psychologischer Fehler war. Hätte ich ihn doch warnen können! Ich hätte ihm gesagt, daß sorgenlose wohlhabende Menschen, die ihre Plätze bezahlt haben, metaphysische Schauer erleben wollen, nicht menschliche Grazie und daß die meisten Westeuropäer ein Wunder nur dann genießen, wenn es mit einer gewissen Quantität von Schrecken verbunden ist. Unser Fakir verbreitete keinen Schrecken. Daß er ein weißes Gewand trug, war sein einziges Zugeständnis an das Bedürfnis der Zuschauer nach Mystik. Er war natürlich, irdisch, er sprach mit einer sanften, nasalen Stimme immer nur von Wissenschaft und Experiment statt von Geistern, Teufeln und Hölle. Er sprach exakt, logisch, konsequent; er wandte sich an den ohnehin geringen Verstand der Zuhörer, auf den sie freiwillig verzichteten, statt an die Quellen ihrer Furcht zu rühren, die sie breit aufgedeckt hatten.

Infolgedessen geschah es, daß die Menschen eitel wurden, aufsässig, widerspenstig, wie Knaben gegen einen gütigen Lehrer. Sie schütteten die Quellen ihrer Furcht wieder zu und weckten ihren Verstand auf, der zwar nicht dazu ausreichte, den Fakir zu begreifen, aber gerade noch groß genug war, ihm Schwierigkeiten zu bereiten. Wenn der Fakir bat, es möchte jemand auf die Bühne kommen, blieben alle sitzen. Zu wissenschaftlichen Experimenten wollen sich reiche Menschen nicht gerne hergeben, weil nach dem ewigen Gesetz der Weltordnung nur Arme und Kaninchen dazu außerkoren sind. Noch nie hatte jemand freundlicher mit Zuschauern gesprochen als dieser Tahri Bey. Schließlich kam eine resolute, schon grauhaarige hutlose Dame vor das Publikum, deren äußerst niedrige Sandalen-Absätze eine männliche Energie verrieten und dem tiefen Timbre ihrer Stimme entsprachen. Es war ihre Aufgabe, dem Fakir einen gedachten Auftrag zu erteilen und ihm ihre Gedanken durch das Auflegen ihrer eigenen geräumigen Hand auf seine schmale, weiße zu übermitteln. Sie tat es. Sie legte mit unverkennbarer Entschlossenheit ihre Hand auf die des Fakirs und sah ihn aus scharfen, grauen, zweifelnden und höhnischen Augen an. Der Fakir schien erraten zu haben. Er ließ sich auf die Knie fallen und suchte mit den Händen etwas in der Gegend der energischen Sandalen. Da er nichts fand, erhob er sich. Die Dame schwieg. Er ließ sich wieder fallen und ruderte mit den Armen in der tiefen Leere. «Fahren Sie nur fort!» ließ sich die Stimme der Dame vernehmen. «Habe ich's also erraten?» fragte sanft der Fakir. «Fahren Sie fort!» befahl die Dame.

Der Fakir aber hörte auf, vielleicht weil er sich schämte, so willenlos vor einer Dame zu liegen. «Wären Sie nur geblieben», höhnte die Dame, «denn, wissen Sie, was ich Ihnen befohlen hatte? – ich hatte mir ausgedacht: Sie sollen – schwimmen.»

Ja, schwimmen hatte sie sich ausgedacht! Warum nicht fliegen? Da kein Wasser auf der Bühne war, wäre Fliegen logischer gewesen. Niemand klatschte. Alle gaben der Dame recht und niemand sah, daß der Fakir sogar diesen sinnlosen Befehl ausgeführt hatte. Der Fakir seufzte. Für einen Moment wehte ein Schatten über sein Lächeln. Er mochte einsehen, wie schwach die Vernunft ist und um wieviel größer die Anstrengung der Männer sein mag, die den Menschen die Köpfe erleuchten wollen, als derjenigen, die übersinnliche Kräfte hervorrufen. Er mochte einsehen, um wieviel leichter es ist, den verborgenen Gedanken eines Menschen zu erraten, als einen Menschen zu einem Gedanken zu erziehen.

Seine Qual war noch nicht zu Ende. Er hypnotisierte einen jungen Mann und bat einen Herrn, an einen Gegenstand zu denken. Der Hypnotisierte würde den Gegenstand erraten. «Gut», sagte der Herr, «ich denke.» «Wollen Sie auf die Bühne kommen?», flehte der Fakir. «Nein», erwiderte der Herr, «ich bleibe sitzen.» Der Fakir trat zu seinem Medium. «Das ist ein Gegenstand», sagte das Medium, «den der Herr verloren oder vergessen hat oder der gestohlen worden ist.» «Richtig», sagte der Herr. «Es ist ein Gegenstand», sprach das Medium, «den der Herr immer mit sich getragen hat.» «Nein», sagte der Herr. Das Medium blieb dabei, daß es ein Gegenstand war, den der Herr immer mit sich getragen hatte.

«Nein», sagte der Herr, «Sie haben nichts erraten. Ich dachte an meinen Regenschirm, der mir abhanden gekommen ist; und ich habe ihn nur bei regnerischem Wetter getragen.»

Da blieb dem Fakir nichts anderes übrig, als sich begraben zu lassen. Vorher fragte er: «Wie lange soll ich tot sein, fünf, sieben oder zehn Minuten?»

«Eine ganze Viertelstunde!» sagte ein Herr im Smoking. Es war einer jener Herren, die Perücke* und Zwicker tragen. Sein Angesicht bestand nicht aus Zügen, sondern aus Fleischknollen.

Der Fakir legte sich in einen Sarg, Arbeiter schütteten Sand auf sein Gesicht und auf den Sarg, es wurde ein gelber Grabhügel auf der Bühne.

Nach einer Viertelstunde holte man den Fakir aus dem Grab. Sein Angesicht war schwarz, seine Augen weiß, seine Hände ohnmächtig. Aus einem Shawl konnte er mit diesen ohnmächtigen Händen gerade noch sogenannte Talismane ausstreuen, pergamentene Zettel. Und siehe da: alle vornehmen gescheiten Menschen, die den Fakir verspottet hatten, die aus ihrer noblen Reserve nicht auf die Bühne hatten kommen wollen, rissen sich um die Talismane. Damen vergaßen ihre Haltung und Herren ihre Ritterlichkeit, es war wie bei einer Katastrophe, Leute, die keinen Zettel erwischten, schrieen verzweifelt, man mußte den Fakir schnell von der Bühne wegführen, indessen ein Handgemenge um die Talismane entstand. Man sah Damen in Abendkleidern auf seidenen Knien am Boden nach Zetteln suchen und Herren mit gierigen Fingern kleine Papierchen in Brieftaschen verbergen. Hätte man die Lichter nicht ausgelöscht und hätten sich die Menschen nicht besonnen, daß in der Garderobe ihre

* Im Erstdruck: *Perrücke*

immerhin kostbaren Mäntel lagen und Regenschirme, die sie allerdings nur bei regnerischem Wetter trugen – der Streit hätte kein Ende genommen.

Jetzt ist Tahri Bey unterwegs nach Amerika. Er wird dort ein Publikum finden, das zwar auch einen geringen Verstand hat, das aber keinen so großen Gebrauch davon macht. Ich wünschte ihm jedenfalls, er würde bei einem Taschenspieler lernen, wie man echte Wunder vollführt, damit sie genau so wirksam seien wie falsche. Denn es kommt leider immer noch darauf an, die Menschen gerade dann zu betrügen, wenn man ihnen Wahrheiten beweisen will.

Druckvorlage: Frankfurter Zeitung, *30. Juni 1926.*

Die zaristischen Emigranten

Lange bevor man noch daran denken konnte, das neue Rußland aufzusuchen, kam das alte zu uns. Die Emigranten trugen den wilden Duft ihrer Heimat, der Verlassenheit, des Bluts, der Armut, des außergewöhnlichen, romanhaften Schicksals. Es paßte zu den europäischen Klischee-Vorstellungen von den Russen, daß sie solches erlebt hatten, Ausgestoßene waren, von warmen Herden Vertriebene, Wanderer durch die Welt ohne Ziel, Entgleisende mit der alten literarischen Verteidigungs-Formel für jeden Sprung über gesetzliche Grenzen: «die russische Seele». Europa kannte die Kosaken aus dem Varieté, die russischen Bauernhochzeiten aus opernhaften Bühnenszenen, die russischen Sänger und die Balalaikas. Es erfuhr (auch nachdem Rußland zu uns gekommen war) niemals, wie sehr französische Romanciers – die konservativste[n] der Welt – und sentimentale Dostojewski-Leser den russischen Menschen umgelogen hatten zu einer kitschigen Gestalt aus Göttlichkeit und Bestialität, Alkohol und Philosophie, Samowarstimmung und Asiatismus. Was hatten sie aus der russischen Frau gemacht! – Eine Art Menschtier, mit Treue begabt und mit Leidenschaft zum Betrug, eine Verschwenderin und eine Rebellierende, eine Literatenfrau und eine Bombenfabrikantin. Je länger die Emigration dauerte, desto näher kamen die Russen der Vorstellung, die man sich von ihnen gemacht hatte. Sie taten uns den Gefallen und assimilierten sich an unser Klischee. Das Gefühl, Träger einer «Rolle» zu sein, linderte vielleicht ihr Elend. Sie trugen es leichter, wenn sie literarisch gewertet wurden. Der russische Fürst als Chauffeur eines Pariser Taxis steuert unmittelbar in die Literatur. Sein Schicksal mag grausam sein. Aber es ist belletristisch verwendbar.

Das anonyme Leben der Emigranten wurde eine öffentliche Produktion. Wie erst, wenn sie sich selbst zur Schau stellten. Hunderte gründeten Theater, Sängerchöre, Tanzgruppen und Balalaika-Orchester. Zwei Jahre lang waren alle neu, echt, verblüffend. Später wurden alle selbstverständlich und langweilig. Sie verloren die Beziehung zur heimatlichen Erde. Sie entfernten sich immer mehr von Rußland – und Rußland noch mehr von ihnen. Europa kannte schon Meyerhold – sie hielten immer noch bei Stanislawsky. Die «blauen Vögel» fingen an, deutsch, französisch, englisch zu singen. Schließlich flogen sie nach Amerika und verloren das Gefieder.

Die Emigranten betrachteten sich als die einzigen Vertreter des Echt-Russischen. Was nach der Revolution in Rußland wuchs und von Bedeutung wurde, verleumdeten sie als «unrussisch», «jüdisch», «international». Europa hatte sich längst daran gewöhnt, in Lenin einen russischen Repräsentanten zu sehen. Die Emigranten hielten noch bei Nikolaus dem Zweiten. Sie hielten mit rührender Treue an der Vergangenheit fest, aber sie vergingen sich gegen die Geschichte. Und sie selbst reduzierten ihre Tragik.

Ach! sie mußten leben. Deshalb ritten sie in Pariser Hippodromen heimatliche Kosaken-Galoppe auf fremdblütigen Pferden, bekleideten sie sich mit krummen Türkensäbeln, die auf dem Flohmarkt von Clignancourt erworben waren, führten sie leere Patronentaschen und stumpfe Dolche auf dem Mont-Martre spazieren, setzten sie auf ihre Häupter große Bärenmützen aus echten Katzenfellen und standen furchtbar anzusehn als Häuptlinge aus Dongebieten vor den Drehtüren der Etablissements, auch wenn sie in Wolhynien zur Welt gekommen waren. Manche avanzierten auf unkontrollierbaren Nansen-Pässen zu Großfürsten. Es war ja auch gleichgültig. Alle konnten sie mit der gleichen Fertigkeit aus den Balalaikas Heimweh und Schwermut zupfen, rote Saffianstiefel mit silbernen Sporen tragen und hockend in tiefer Kniebeuge auf einem Absatz herumwirbeln. Eine Fürstin sah ich in einem Pariser Varieté eine russische Hochzeit darstellen. Sie war eine strahlende Braut, Nachtwächter aus der Rue Pigalle, als Bojaren verkleidet, wuchsen Spalier, wie aus Blumentöpfen, eine Kathedrale aus Pappe leuchtete im Hintergrund, aus ihr trat der Pope mit einem Bart aus Watte, gläserne Edelsteine funkelten im russischen Sonnenglanz, der aus dem Scheinwerfer floß und die Kapelle träufelte aus gedämpften Geigen das Lied von der Wolga in die Herzen des Publikums. Andere Fürstinnen waren Kellnerinnen in russischen Lokalen, Notizblöcke hingen an tulasilbernen Ketten an ihren Schürzen, ihre Köpfe standen stolz im Nacken, Musterbeispiele standhafter Emigrantentragik.

Andere, Gebrochene, saßen still auf den Bänken der Tuilerien, des Luxemburggartens, des Wiener Praters, des Berliner Tiergartens, an den Ufern der Donau in Budapest und in den Caféhäusern von Konstantinopel. Mit den Reaktionären eines jeden Landes hatten sie Verbindungen. Sie saßen da und trauerten ihren gefallenen Söhnen und Töchtern nach, ihren vermißten Frauen – – aber auch der goldenen Taschenuhr, dem Geschenk Alexanders des Dritten. Viele hatten Rußland verlassen, weil sie «das Elend des Landes nicht ansehen konnten.» Ich kenne russische Juden, die, noch vor wenigen Jahren von Denikin und Petljura «enteignet», heute dennoch nichts mehr auf der Welt hassen, als Trozki, der ihnen nichts getan hat. Sie wollen ihren falschen Taufschein wieder haben, mit dem sie sich demütig, unwürdig einen verbotenen Aufenthalt in den großen russischen Städten erschlichen hatten.

In dem kleinen Hotel im Pariser Quartier Latin, in dem ich wohnte, lebte einer der bekannten russischen Fürsten, mit Vater, Frau, Kindern und einer «bonne». Der alte Fürst war noch echt. Er kochte seine Suppe auf einem Spirituskocher, und, obwohl er mir bekannt war als eine antisemitische Kapazität und eine Leuchte im Bauern-Schinden, erschien er mir dennoch rührend an feuchten herbstlichen Abenden, durch die er frierend kroch, ein Symbol, kein Mensch mehr, ein Blatt, abgeweht vom Baum des Lebens. Aber sein Sohn, in der Fremde erzogen, elegant von Pariser Schneidern eingekleidet, von reicheren Großfürsten erhalten – wie anders war er! Im Telephonzimmer konferierte er mit gewesenen Leibgardisten, an falsche und an echte Romanows schickte er Ergebenheits-Adressen zu Geburtstagen und den Damen im Hotel legte er kitschige rosa Liebesbriefchen in die Schlüsselfächer. Zu zaristischen Kongressen eilte er in Automobilen und er lebte wie ein kleiner emigrierter Gott in Frankreich. Wahrsager, Popen, Kartenleser, Theosophen kamen zu ihm, alle, die die russische Zukunft kannten, die Wiederkehr der großen Katharina und der Trojkas, der Bärenjagden und der Katorga, Rasputins und der Leibeigenschaft …

Alle verloren sich. Sie verloren das Russentum und den Adel. Und, weil sie nichts mehr gewesen waren als Adelige und Russen, hatten sie alles verloren. Sie sanken aus ihrer eigenen Tragik. Dem großen Trauerspiel entfielen die Helden. Die Geschichte ging unerbittlich ihren eisernen und blutigen Weg. Unsere Augen wurden müde, ein Elend zu betrachten, das sich selbst so billig gemacht hatte. Wir standen vor den Überresten, die ihre eigene Katastrophe nicht begriffen, wir wußten mehr von ihnen, als sie uns erzählen konnten, und, Arm in Arm mit der Zeit, gingen wir über die Verlorenen hinweg, grausam und dennoch traurig. – –

Erster Teil der Serie Reise nach Russland. *Druckvorlage:* Frankfurter Zeitung, *14. September 1926.*

Aus: Juden auf Wanderschaft

1

Nach Paris haben nicht immer die Ostjuden den Weg gefunden. Sie kamen viel leichter nach Brüssel und Amsterdam. Der direkte Weg des jüdischen Juwelenhandels führt nach Amsterdam. Einige armgewordene und einige reich werdende jüdische Juwelenhändler bleiben aus Zwang im französischen Sprachgebiet. Die Beziehungen zwischen Odessa, Wolhynien, Warschau nach Paris sind erst in den letzten Jahren, während des Kriegs und nach dem Friedensschluss stärker geworden.

Der kleine Ostjude hat eine übertriebene Furcht vor einer ganz fremden Sprache. Deutsch ist beinahe seine Muttersprache. Er wandert viel lieber nach Deutschland, als nach Frankreich, obwohl er hier menschlich, dort polizeilich behandelt wird. Der Ostjude lernt leicht fremde Sprachen verstehn, aber seine Aussprache wird niemals rein. Er wird immer erkannt. Es ist sein gesunder Instinkt, der ihn vor den romanischen Ländern warnt.

Auch Instinkte irren. Auch gesunde Instinkte irren. Die Ostjuden leben in Paris fast wie Gott in Frankreich. Niemand hindert sie hier Geschäfte und sogar Ghettos aufzumachen. Es gibt einige jüdische Viertel in Paris, in der Nähe des Mon[t]martre und in der Nähe der Bastille. Es sind die ältesten Pariser Stadtteile. Es sind die ältesten Pariser Häuser mit der billigsten Miete. Juden geben nicht gerne Geld für unnützen Komfort aus, solange sie nicht sehr reich sind.

Sie haben es schon aus äusseren Gründen in Paris leicht. Ihre Physiognomie verrät sie nicht. Ihre Lebhaftigkeit fällt nicht auf. Ihr Witz begegnet dem französischen auf halbem Weg. Paris ist eine wirkliche Weltstadt. Wien ist einmal eine gewesen. Berlin wird erst einmal eine sein. Die wirkliche Weltstadt ist objektiv. Sie hat Vorurteile, wie die andern, aber keine Zeit, sie anzuwenden. Im Wiener Prater gibt es beinah keine antisemitische Äusserung, obwohl nicht alle Besucher Judenfreunde sind und obwohl neben ihnen, zwischen ihnen die östlichsten der Ostjuden wandeln. Weshalb? Weil man sich im Prater freut. In der Taborstrasse schon fängt der Antisemit an, antisemitisch zu sein. In der Taborstrasse freut man sich nicht mehr.

In Berlin freut man sich nicht. Aber in Paris herrscht die Freude. In Paris beschränkt sich der grobe Antisemitismus auf die freudlosen Franzosen. Das sind die Royalisten, die Gruppe um die Action française. Es wundert mich nicht, dass sie in Frankreich ohnmächtig sind und immer bleiben werden. Sie sind zu wenig französisch. Sie sind zu pathetisch und zu wenig ironisch. Sie hätten in Deutschland die grössten Erfolge. Sie haben in Deutschland die grössten Erfolge.

Berlin fordert Ironie heraus, aber es verträgt keine. Keine französische, keine jüdische. Die Berliner Ostjuden werden pathetisch oder sie fliehen. In Paris verträgt man sie. Paris ist sachlicher, obwohl Sachlichkeit eine deutsche Tugend sein mag. Paris ist demokratischer. Der Deutsche ist menschlich. Er findet selten Gelegenheit, seine Menschlichkeit anzuwenden. Aber in Paris hat die praktische Humanität eine grosse starke Tradition. Die Pariser Humanität fängt dort an, wo die Berliner aufhört: bei den Ostjuden. In Paris erst fangen die Ostjuden an, Westeuropäer zu werden. Sie werden Franzosen. Sie werden sogar Patrioten.

2

Der bittere Lebenskampf der Ostjuden, der gegen «die Papiere», wird in Paris gemildert. Die Polizei ist von einer humanen Nachlässigkeit. Sie ist zugänglicher der Individualität und dem Persönlichen. Die deutsche Polizei hat Kategorieen. Die Pariser Polizei lässt sich leicht überreden. In Paris kann man sich anmelden, ohne viermal zurückgeschickt zu werden.

Die Pariser Ostjuden dürfen leben, wie sie wollen. Sie können ihre Kinder in rein jüdische Schulen schicken oder in französische. Die in Paris geborenen Kinder der Ostjuden können französische Staatsbürger werden. Frankreich braucht Menschen. Ja, es ist geradezu seine Aufgabe, schwach bevölkert zu sein und immer wieder Menschen zu brauchen, Fremde französisch zu machen. Es ist seine Stärke und seine Schwäche.

Freilich lebt ein französischer Antisemitismus auch in den Nicht-Royalisten. Aber kein Hundertgrädiger. Die an einen viel stärkern, rüderen, brutaleren Antisemitismus gewohnten Ostjuden geben sich mit dem französischen zufrieden.

Sie dürfen sich zufrieden geben. Sie haben religiöse, kulturelle, nationale Freiheiten. Sie dürfen jiddisch reden, so viel und so laut sie wollen. Sie dürfen sogar schlecht französisch sprechen, ohne, dass man sie verdächtigt. Die Folge dieses Entgegenkommens ist, dass sie französisch lernen, dass ihre Kinder kein jiddisch mehr sprechen. Sie verstehn es gerade noch. Es hat mich belustigt, in den Strassen des Pariser Judenviertels die Eltern jiddisch, die Kinder französisch sprechen zu hören. Auf jiddische Fragen erfolgen französische Antworten. Diese Kinder sind begabt. Sie werden es in

Frankreich zu etwas bringen, wenn Gott will. Und Gott will es, wie mir scheint.

Die Berliner jüdischen Schenken in der Hirtenstrasse sind traurig, kühl und still. Die Pariser jüdischen Gasthäuser sind lustig, warm und laut. Sie machen alle gute Geschäfte. Ich habe manchmal bei Herrn Weingrod gegessen. Er führt ausgezeichnete Bratgänse. Er braut einen guten starken Schnaps. Er amüsiert die Gäste. Er sagt zu seiner Frau: «gib mir das Soll und Haben, s'il vous plaît.» Und die Frau sagt: «Nehmen Sie sich vom Bufett[,] si vous voulez!» Sie sprechen ein wirklich heiteres Kauderwelsch.

Ich habe Herrn Weingrod gefragt: Wie sind Sie nach Paris gekommen? Da sagte Herr Weingrod: [«]Excusez, monsieur, pourquoi nicht nach Paris? Aus Russland schmeisst man mich hinaus, in Polen sperrt man mich ein, nach Deutschland gibt man mir kein Visum. Pourquoi soll ich nicht kommen nach Paris?»

Herr Weingrod ist ein tapferer Mann, er hat ein Bein verloren, er hat eine Prothese und ist immer guter Laune. Er hat sich in Frankreich freiwillig zum Kriegsdienst gemeldet. Viele Ostjuden haben freiwillig und aus Dankbarkeit im französischen Heer gedient. Aber das Bein hat Weingrod nicht im Krieg verloren. Er kam gesund zurück, mit heilen Knochen. Da sieht man, wie das Schicksal lauert, wenn es will. Weingrod verlässt den Laden, will über die Strassenmitte. Niemals, einmal in der Woche vielleicht, fährt ein Auto durch diese Gasse. Gerade jetzt kommt es, da Weingrod hinüber will. Fährt ihn nieder. So verlor er ein Bein.

3

Ich habe ein jiddisches Theater in Paris besucht. In der Garderobe wurden Kinderwagen abgegeben. Regenschirme nahm man in den Saal. Im Parkett sassen Mütter mit Säuglingen. Die Stuhlreihen waren lose, man konnte die Sessel herausnehmen. An den Seitenwänden lustwandelten Zuschauer. Der Eine verliess seinen Platz, der Andere setzte sich. Man ass Orangen. Es spritzte und roch. Man sprach laut, sang mit, klatschte den Darstellern auf offener Szene. Die jungen jüdischen Frauen sprachen nur französisch. Sie waren pariserisch elegant. Sie waren schön. Sie sahen aus, wie Frauen aus Marseille. Ich fand: sie können leicht Pariserinnen werden. Sie sind pariserisch begabt. Sie sind kokett und kühl. Sie sind leicht und sachlich. Sie versprechen und halten nicht. Sie sind treu, wie die Pariserinnen. Die Assimilation eines Volkes beginnt immer bei den Frauen.

Man gab einen Schwank in drei Akten. Im ersten Akt will die jüdische Familie eines kleinen russischen Dorfes auswandern. Im zweiten kriegt sie die Pässe. Im dritten ist die Familie in Amerika, reich geworden und protzig und im Begriff ihre alte Heimat zu vergessen und die alten Freunde aus der Heimat, die nach Amerika kommen. Dieses Stück gibt reichlich Gelegenheit, amerikanische Schlager zu singen und alte russisch[-]jiddische Lieder. Als die russischen Lieder und Tänze kamen, weinten die Darsteller und die Zuschauer. Hätten nur jene geweint, es wäre kitschig gewesen. Aber als diese weinten, wurde es schmerzlich. Juden sind leicht gerührt – – das wusste ich. Aber ich wusste nicht, dass ein Heimweh sie rühren könnte.

Es war eine so innige, beinahe private Beziehung von der

Bühne zum Zuschauer. Für dieses Volk Schauspieler sein, ist schön. Der Regisseur trat vor und kündigte die nächsten Programmwechsel an. Nicht durch die Zeitung, nicht durch Plakate. Mündlich. Von Mensch zu Mensch. Er sprach: «Ihr werdet Mittwoch den Herrn X. aus Amerika sehen!» Er sprach wie ein Führer zu seinen Getreuen. Er sprach unmittelbar und witzig. Seinen Witz verstand man. Ahnte beinahe voraus. Erwitterte die Pointe.

Es ist schwer, vor Juden witzig zu sein.

4.

Ich sprach in Frankreich mit einem jüdischen Artisten aus Radziwillow*, dem alten russisch-österreichischen Grenzort. Er war ein musikalischer Clown und verdiente viel. Er war ein Clown aus Überzeugung und nicht von Geburt. Er entstammte einer Musikantenfamilie. Sein Urgrossvater, sein Grossvater, sein Vater, seine Brüder waren jüdische Hochzeitsmusikanten. Er, der einzige konnte seine Heimat verlassen und im Westen Musik studieren. Ein reicher Jude unterstützte ihn. Er kam in eine Musikhochschule in Wien. Er komponierte. Er gab Konzerte. Aber, sagte er, was soll ein Jude der Welt ernste Musik machen? Ich bin immer ein Clown in dieser Welt, auch wenn man ernste Referate über mich bringt und Herren von den Zeitungen mit Brillen in den ersten Reihen sitzen. Soll ich Beethoven spielen? Soll ich Kol-Nidre** spielen? Eines Abends, als ich auf der Bühne

* Kleinstadt, unweit von Roths Geburtsstadt Brody.

** Roth spielt wahrscheinlich auf Max Bruchs seinerzeit sehr populäres *Kol Nidrei* op. 47 für Cello und Orchester an, das auf das Kol Nidre zurückgreift, das am Vorabend des Jom Kippur gebetet wird.

stand, begann ich mich vor Lachen zu schütteln. Was machte ich der Welt vor, ich, ein Musikant aus Radziwillow? Soll ich nach Radziwillow zurückkehren und bei jüdischen Hochzeiten aufspielen? Werde ich dort nicht noch lächerlicher sein?

An jenem Abend sah ich ein, dass mir nichts anderes übrig blieb, als in den Circus zu gehen, nicht, um ein Herrenreiter zu sein oder ein Seiltänzer! Das ist nichts für Juden. Ich bin ein Clown. Und seit meinem ersten Auftreten im Circus ist es mir ganz klar, dass ich die Tradition meiner Väter gar nicht verleugnet habe und dass ich bin, was sie hätten sein sollen. Zwar würden sie erschrecken, wenn sie mich sehen würden. Ich spiele Zieh- und Mundharmonika und Saxophon und es freut mich, dass die Leute gar nicht wissen, dass ich Beethoven spielen kann.

Ich bin ein Jud aus Radziwillow.

Ich habe Frankreich gern. Für alle Artisten ist die Welt vielleicht überall gleich. Aber für mich nicht. Ich gehe in jeder großen Stadt Juden aus Radziwillow suchen. In jeder grossen Stadt treff ich zwei oder drei. Wir reden miteinander. In Paris leben auch einige. Sind sie nicht aus Radziwillow, so sind sie aus Dubno. Und sind sie nicht aus Dubno, so sind sie aus Kischinew. Und in Paris geht es ihnen gut. Es geht ihnen gut. Es können doch nicht alle Juden beim Circus sein? Wenn sie nicht beim Circus sind, müssen sie mit allen fremden und gleichgültigen Menschen gut sein und mit niemandem dürfen sie es sich verderben. Ich brauche nur in der Artistenliga eingeschrieben zu sein. Das ist ein grosser Vorteil. In Paris leben die Juden frei. Ich bin ein Patriot, ich hab' ein jüdisches Herz .....

5.

In dem grossen Hafen Marseille kommen jährlich ein paar Juden aus dem Osten an. Sie wollen ein Schiff besteigen. Oder sie kommen gerade von Bord. Sie haben irgendwohin fahren wollen. Das Geld ist ihnen ausgegangen. Sie mussten an Land gehen. Sie schleppen sich mit allem Gepäck zum Postamt, geben ein Telegramm auf und warten auf Antwort. Aber Telegramme werden nicht schnell beantwortet und solche überhaupt nicht, in denen um Geld gebeten wird. Ganze Familien nächtigen unter freiem Himmel.

Manche, Einzelne bleiben in Marseille. Sie werden Dolmetscher. Dolmetscher sein ist ein jüdischer Beruf. Es handelt sich nicht darum, zu übersetzen, ins Französische aus dem Englischen, ins Französische aus dem Russischen, ins Französische aus dem Deutschen. Es handelt sich darum, den Fremden zu übersetzen, auch, wenn er nichts gesprochen hat. Er braucht den Mund nicht aufzumachen. Christliche Dolmetscher übersetzen vielleicht. Jüdische erraten.

Sie verdienen Geld. Sie führen die Fremden in gute Wirtsstuben, aber auch auf die Dörfer. Die Dolmetscher beteiligen sich am Geschäft. Sie verdienen Geld. Sie gehen zum Hafen, besteigen ein Schiff und fahren nach Südamerika. Nach den Vereinigten Staaten kommen die Ostjuden schwer. Die erlaubte Zahl ist längst und oft überschritten.

6

Wohin können die Ostjuden sonst fahren?

Nach Spanien kommen sie nicht. Es ruht ein Bannfluch der Rabbis auf Spanien, seitdem die Juden dieses Land hatten verlassen müssen. Auch die Nichtfrommen, «die Aufgeklärten», hüteten sich, nach Spanien zu fahren. Erst in diesem Jahr erlischt der Bannfluch.

Von einigen ostjüdischen Studenten hörte ich, dass sie nach Spanien fahren wollten. Sie werden gut daran tun, die polnischen Universitäten, auf denen der numerus clausus herrscht, die Wiener Universität, auf der ausser dem numerus clausus auch noch die Borniertheit herrscht und die deutschen Universitäten, an denen der Bierkrug herrscht, zu verlassen.

7

Einige ostjüdische Studenten sind nach Italien gefahren. Die italienische Regierung – sie hat manches gutzumachen – verleiht Stipendien jüdischen Studenten.

Viele Ostjuden haben sich nach dem Zerfall der Monarchie in das neuerstandene Südslawien begeben.

Aus Ungarn werden Ostjuden prinzipiell ausgewiesen. Kein ungarischer Jude wird sich ihrer annehmen. Die Mehrzahl der ungarischen Juden sind – trotz Horthy – nationalmagyarisch. Es gibt ungarische nationalistische Rabbiner.

8

Es wird noch einige Jahre dauern. Dann werden Ostjuden nach Spanien kommen. Alte Legenden, die man sich im Osten erzählt, knüpfen an den langen Aufenthalt der Juden in Spanien an. Es ist manchmal wie eine stille Sehnsucht, ein verdrängtes Heimweh nach diesem Lande, das so stark an die Urheimat, an Palästina erinnert.

Man kann sich freilich keinen stärkeren Gegensatz denken, als den zwischen Ostjuden und spaniolischen. Die spaniolischen Juden verachten die «Aschkenasim» im Allgemeinen, die Ostjuden im besonderen. Die spaniolischen Juden sind stolz auf ihre alte adelige Rasse. Mischehen zwischen Spaniolen und Aschkenasim* kommen selten, zwischen Spaniolen und Ostjuden fast niemals vor.

(Die christliche Bevölkerung der Balkanländer und Syriens wird dem Ostjuden gewiss ebenso freundlich entgegenkommen, wie die jüdische spaniolische.)

9

Nach einer alten Legende sind einmal zwei Juden aus der österreichisch-russischen Grenzstadt Brody durch die Welt gezogen, um Geld zum Bau einer Synagoge zu sammeln. Sie kamen zu Fuss durch Deutschland, sie kamen an den Rhein, gingen nach Frankreich und begaben sich in die alte jüdische Gemeinde

* Im handschriftlich korrigierten Typoskript beide Male: *Aschkenazin*

Frankreichs, nach Montpellier. Von hier zogen sie ostwärts, ohne Karte, ohne die Wege zu kennen und verirrten sich. Sie gelangten in einer finstern Nacht in das lebensgefährliche Spanien, wo sie getötet worden wären, wenn sich nicht ihrer die frommen Mönche eines spanischen Klosters angenommen hätten. Die Mönche luden die jüdischen Wanderer zu einem Disput ein, waren über die Gelehrtheit der Juden sehr erfreut, brachten sie sicher über die Grenze zurück und gaben ihnen noch einen Klumpen Gold, zum Bau der Synagoge. Beim Abschied mussten die Juden schwören, das Gold wirklich zum Bau der Synagoge zu verwenden.

Die Juden schworen. Aber die Sitte (wenn auch nicht das Gesetz) verbot ihnen, das Gold, das aus dem Besitz eines Klosters, wenn auch eines freundlichen kam, für das Heiligtum zu benutzen. Sie überlegten lange und kamen endlich auf die Idee, aus dem Goldklumpen eine Kugel zu formen und sie auf dem Dach der Synagoge als eine Art Wahrzeichen anzubringen.

Diese goldene Kugel leuchtet noch auf dem Dach der Synagoge. Und sie ist das Einzige, das die Juden des Ostens noch mit ihrer alten spanischen Heimat verbindet.

10

Diese Geschichte erzählte mir ein alter Jude. Er war Thoraschreiber von Beruf, ein Sophar, ein frommer und ein weiser und ein armer Mann. Er war ein Gegner der Zionisten.

Jetzt, sagte er, wird der Cheirim (der Bannfluch) gegen Spanien erlöschen. Ich habe nichts dagegen, dass meine Enkel nach Spanien gehen. Es ist den Juden nicht immer dort schlecht gegangen. Es gab fromme Menschen in Spanien und wo fromme Christen sind, können auch Juden leben. Denn die Gottesfurcht ist immer noch sicherer als die sogenannte moderne Humanität.

Er wusste nicht, der Alte, dass die Humanität nicht mehr modern ist. Er war nur ein armer Thoraschreiber.

Druckvorlage: handschriftlich korrigiertes Typoskript (S. 64–77), das als Satzvorlage für die 1927 erschienene Ausgabe von Juden auf Wanderschaft *diente, DLA. Im Buch erschien der Abschnitt leicht gekürzt und verändert unter der Überschrift* Paris.

Ehre den Dächern von Paris!

Seit einigen Wochen läuft in Frankfurt der französische Tonfilm: Unter den Dächern von Paris*, und, obwohl an dieser Stelle, anläßlich der Uraufführung in Berlin, unser Berichterstatter in besonders auszeichnender Ausführlichkeit das außergewöhnliche Werk bereits gewürdigt hat, erscheint es uns dennoch notwendig, noch einmal darauf hinzuweisen. Uns ist, als müßte man durch wiederholtes Lob die noble Diskretion dieses Tonfilms all jenen liebenswert zu machen versuchen, die seit der Erfindung der tönenden Schatten in den Kinos der europäischen und amerikanischen Städte gezwungen werden, zu vergessen, wie edel heute noch die Stille sein kann und wie golden das Schweigen. Aber es bedürfte auch dieser propagandistischen Nebenabsicht nicht, damit wir die Stimme erheben, um den Preis der Stille zu verkünden; allein schon, um ihr zu danken, müßten wir sprechen.

Die Handlung dieses Tonfilms entsteht ebenso aus der Atmosphäre der Stadt Paris, wie etwa ein Volkslied entsteht aus der Seele einer bestimmten Landschaft. Es ist, als gebäre der zitternde, ewig bewegte Nebel über den Dächern von Paris die Geschehnisse, die sich unter ihnen abspielen. Der leichte, graue Dunst über dem tänzelnden Gewirr der Schornsteine, der das erste Bild des Films überschwebt, gleicht einem Vorhang, der

* *Unter den Dächern von Paris* war der erste Tonfilm des französischen Regisseurs René Clair.

sich auflöst und in das Spiel verwandelt, das er in sich geborgen hat. Ist das Spiel dann zu Ende, so hat es nicht etwa aufgehört, sondern es ist wieder eingekehrt in den fruchtbaren Nebel, der sein Ursprung ist und seine Heimat. Ähnlich entstehen im Kosmos die Welten und gehen wieder unter. Ähnlich entstehen Lieder und tauchen zurück in die ewigen Gründe der Melodien der Welt. Die Mustergültigkeit dieses Tonfilms beruht denn auch auf der Parallelität und der gesetzmäßigen Gleichnamigkeit des Films und des Gassenhauers, der die Handlung durchwirkt, begleitet und umsäumt. Die Bilder erheben sich aus dem Fluß der Melodie, und sacht und ohne Aufhören umschmeichelt sie die Konturen der Bilder. Alle alte, verfallene, ewig verfallende Süße des Pariser Volkslebens entströmt ihnen: der heitere Moder der kleinbürgerlichen Wohnungen hinter den langen Fenstern von schlanker, fürstlicher Noblesse; der Kaffee- und Schnapsgeruch der engen Bistros, der anmutigsten Sündenpfühle der Welt, dieser Schenken, die keine Lasterhöhlen sind, sondern gleichsam Lastergrotten aus dem Märchen. Die lächelnde Anmut der kleinen Mädchen überstrahlt die Gefährlichkeit ihrer kleinen Apachen, aus der Baufälligkeit der Mauern, die allein durch die Gnade des Wunders erhalten werden, blüht das alte neue Leben, und über dem hitzigen Zorn der Kämpfer leuchtet schon die Sonne der Versöhnung. Im lauschigen Rund der kleinen Plätze des Montmartre erklingt die Ziehharmonika, das Instrument der Armen. Ein Bettler, hockend im Winkel, handhabt es. Die langgedehnten Seufzer der Verlorenheit entlockt er ihm nicht, sie scheinen dem vielgefältelten Leib der Harmonika von selbst zu entweichen, und der Musikant ist eher bemüht, sie zu dämmen, als sie hervorzurufen. Sie aber, die melodischen Stimmen der Armut, können gleichsam den

Lauschern nicht widerstehen, die den Sänger und Verkäufer des Gassenhauers umringen, für alle Herzen im Rund, in denen die echten, aber stummen Seufzer verborgen sind, erklingen sie als Echo. Und die falschen Stimmen, die das Lied singen, und der kreischende Wohllaut des Instruments, der die Sänger ebenso begleitet, wie er den bewegten Tanz der Schornsteine auf den Dächern von Paris zu kommandieren scheint, ergeben zusammen den heiligen Choral der kleinen, heiteren Armut. Geeinigt durch den Gesang, die Ziehharmonika, die lauschende Andacht sind sie alle, und eingeschlossen im Ring des kleinen Platzes, der die Strophen des Gassenhauers ebenso zärtlich umrandet, wie das Rund der Zuhörer. Auch den Taschendieb noch, der die Versunkenheit der fetten Portiersfrau schmählich, aber auch schelmisch mißbraucht, um ihr Handtäschchen zu leeren, bindet die Musik an sein Opfer. Und mehr noch sein Verrat an der Kameradschaft der Lauscher, als sein Diebstahl beleidigt unser Gewissen. Er macht sich weniger eines Verbrechens schuldig, als gleichsam eines Sakrilegs: er stört die Andacht, er unterbricht die Weihe des Orts und der Begebenheit; er schändet die Religiosität dieses «Milieus».

Sieh, wie sie die letzte Zigarette teilen, um gleich darauf in Streit zu geraten, um wiederum gleich darauf einander in die Arme zu fallen! Welch zärtlicher Pomp der Pantoffeln, die der Verliebte seinem Mädchen kauft! Wieviel Jahre des Ekels und der Gleichgültigkeit im Ehebett der alten Portiersleute und wieviel sinnliche Süße in jener ersten Liebesnacht zwischen den jungen Leuten, die aus Keuschheit das Bett verachten, um beide am Boden zu schlafen! Wieviel rührende Treulosigkeit in dem kleinen Herzchen des kleinen Mädchens, das aus der Verzweiflung über die Verhaftung des Freundes unmittelbar in die Flitterwochen mit dessen Kameraden fällt; ja, fällt! Denn es ist ein schönes, sachtes Fallen in ihrem Leben, sie gehorcht den Gesetzen von der Schwerkraft, die sie lächelnd befehlen, ein reizendes Geschöpf der Torheit, die vollkommenste Personifikation der weiblichen Schwäche. Es ist, als hörte man das sündige dünne Stimmchen ihres roten Blutes. Sie fällt, sie fällt! Sie liebt, sie tanzt, man würfelt um sie, den lieben Gegenstand! Heute läßt sie sich erobern und morgen lediglich gewinnen. In ihrer schönen kleinen Brust sind ihres Zufalls Sterne.

Die ganze Anmut der Verlorenheit ist in diesem Tonfilm. Keiner von allen, die hier spielen, wird diese Welt verlassen. Immer tiefer werden sie hinabsinken, eintauchen in den Berg der Jahre, die anrollen, unaufhörlich, lächelnd, im Gesang der Ziehharmonika. Die Wehmut wird immerdar die Schwester ihrer Freuden sein. Sie werden immer trinken, lieben, würfeln, stehlen. Ihr Schicksal ist unerbittlich. Das gibt dem Film die Trauer. Aber die Unerbittlichkeit ist eingetaucht in Milde, sie ist gleichsam geradezu erbittlich. Deshalb ist der Film so heiter.

Druckvorlage: Frankfurter Zeitung, *28. Oktober 1930.*

V. SPÄTE BETRACHTUNGEN

Ödön von Horváths Tod

Ödön von Horváth*, einer der besten österreichischen Schriftsteller, deutschsprachiger Ungar von Geburt, ist vorgestern in Paris das Opfer eines** jener Unfälle geworden, die wir als «sinnlose» zu bezeichnen pflegen, weil uns das Unerklärliche sinnlos erscheint. Ödön von Horváth wurde bei einem Spaziergang auf den Champs-Elysées von einem umstürzenden Baum getroffen und auf der Stelle erschlagen. Er war gerade vor Hitler aus Österreich geflüchtet, nachdem er schon vorher aus Deutschland vor dem gleichen Hitler geflüchtet war. Er war heiter und glücklich, der Pest entronnen zu sein, hierher, zu uns gekommen. Bei einem heiteren Spaziergang durch das Paris, das er liebte, traf ihn der unheimliche, unbegreifliche Baum.

Man kennt Ödön von Horváth. Man kennt sein berühmt gewordenes Drama «Geschichten aus dem Wiener Wald», ein Stück voll starker Grazie und boshafter Ironie, ein Stück, das den Autor selbst am besten kennzeichnet. Denn er war ein star-

* Im Erstdruck wird der schon seit 1926 mit Roth befreundete Schriftsteller durchgehend *Oedoen von Horvath* geschrieben.

** Im Erstdruck: *einer*

ker Mensch, leichtfertig scheinbar, kindlich und boshaft und mit der scharfen Beobachtungsgabe ausgestattet, die Kinder besitzen. Man wird seinen ersten Roman «Jugend ohne Gott» nicht vergessen, in dem sich der Charme mit der tragischen Bosheit dermassen innig verbindet, dass man kaum das eine vom andern zu unterscheiden weiss. Ödön von Horváth hat einen neuen Roman hinterlassen, genannt «Ein Kind unserer Zeit». Dieses Buch wird bald erscheinen.

Wir werden hier dem toten Freund und unserem Gesinnungsgenossen noch einen besonderen Nachruf widmen.

Wir wollen heute nur diesen uns blinden Menschen blind erscheinenden Tod beklagen. Horváth ging durch die Champs-Elysées, die er liebte, wie er die Freiheit geliebt hat. Und während der fünf Minuten, in denen ein Sturm über Paris wehte, traf ihn der Tod. Gewiss ist dieser Tod besser, als ein Leben im Österreich Hitlers.

*

Die «Bergbahn» war das erste Stück des so unbegreiflich Verstorbenen. «Kasimir und Karoline», von Reinhardt aufgeführt, brachte ihm den ersten frühen Erfolg. Vor einem halben Jahr erst wurde in Prag «Figaros Rückkehr»* aufgeführt, eine Art Fortsetzung des Beaumarchais'schen Dramas. In allen Stücken Horváths, in jeder Zeile seiner Prosa, äussert sich ein unverkennbarer Hass gegen jene deutsche Spiessigkeit, die den deutschen Mord, nämlich das Dritte Reich, geboren hat.

*

* Roth meint Horváths Komödie *Figaro läßt sich scheiden*, die im April 1937 uraufgeführt wurde.

Ödön von Horváth war 35 Jahre alt.

Druckvorlage: Pariser Tageszeitung, *3. Juni 1938.*

Rast angesichts der Zerstörung

Gegenüber dem Bistro, in dem ich den ganzen Tag sitze, wird jetzt ein altes Haus abgerissen, ein Hotel, in dem ich sechzehn Jahre gewohnt habe – die Zeit meiner Reisen ausgenommen. Vorgestern abend stand noch eine Mauer da, die rückwärtige, und erwartete ihre letzte Nacht. Die drei anderen Mauern lagen schon, in Schutt verwandelt, auf dem halb umzäunten Platz. Wie merkwürdig klein erscheint mir heute dieser Platz im Verhältnis zu dem grossen Hotel, das einst auf ihm gestanden hatte! Man müsste glauben, ein leerer Platz sei weiter als ein bebauter. Aber wahrscheinlich kommen mir die sechzehn Jahre, nun sie vergangen sind, so köstlich vor, ja, von Kostbarem erfüllt, dass ich nicht begreifen kann, wie sie auf einem so kargen Platz abrollen konnten. Und, weil das Hotel jetzt ebenso zerschmettert ist, wie die Jahre, die ich darin verlebt habe, verronnen sind, erscheint mir in der Erinnerung auch das Hotel weit grösser, als es gewesen sein mochte. An der einzigen Wand erkannte ich noch die Tapete meines Zimmers, eine himmelblaue, zart goldgeäderte. Gestern schon zog man ein Gerüst, auf dem zwei Arbeiter standen, vor der Wand hoch. Mit Pickel und Steinhammer schlug man auf die Tapete ein, auf meine Wand; und dann, da sie schon betäubt und brüchig war, banden die Männer Stricke um die Mauer – die Mauer am Schafott. Das Gerüst ging mit den Arbeitern nieder. An beiden Rändern der Mauer hingen die Strickenden herunter. Jeder der beiden Männer zog an je einem Strickende. Und mit Gepolter stürzte die

Mauer ein. Eine weisse, dichte Wolke aus Kalk und Mörtel verhüllte das Ganze. Aus ihr traten jetzt weissbestaubt, gewaltigen Müllern ähnlich, die Steine mahlen, die zwei Männer. Sie kamen mir geradewegs entgegen, wie jeden Tag, ein paarmal am Tage. Sie kennen mich, seitdem ich hier sitze. Der Jüngere deutete mit dem Daumen über die Schulter rückwärts und sagte: «Jetzt ist sie weg, Ihre Tapete!» – Ich lud beide ein, mit mir zu trinken, als hätten sie mir eine Wand aufgebaut. Wir scherzten über die Tapete, die Mauern, meine teuren Jahre. Die Arbeiter waren Demolisseure; Niederreissen war ihr Beruf, für Aufbauen kamen sie niemals in Betracht. Und das ist recht so, sagten sie. Jedem sein Beruf und jedem sein Verdienst! Dies ist der König der Demolierer, sagte der Jüngere. Der Ältere lächelte. So heiteren Sinnes waren die Zerstörer; und ich mit ihnen.

Jetzt sitze ich gegenüber dem leeren Platz und höre die Stunden rinnen. Man verliert eine Heimat nach der anderen, sage ich mir. Hier sitze ich am Wanderstab. Die Füsse sind wund, das Herz ist müde, die Augen sind trocken. Das Elend hockt sich neben mich, wird immer sanfter und grösser, der Schmerz bleibt stehen, wird gewaltig und gütig, der Schrecken schmettert heran und kann nicht mehr schrecken. Und dies ist eben das Trostlose.

Unfassbares geschieht, die Hand bleibt ruhig und greift nicht an den Kopf. Rechts neben mir liegt das kleine Postamt, der Briefträger tritt heraus und legt mir Briefe auf den Tisch, böse Briefe meist; als das Hotel noch stand, pflegte er mir gute zu bringen. Eine Frau kommt, – geliebt, und ich lächle, Abglanz eines alten Lächelns, nach dem ich mich auch nicht mehr sehne. Ein Greis in Hauspantoffeln schlurft vorbei, und ich beneide ihn um sein Recht, Greis zu sein und zu schlurfen. Lärmfrohe Gäste stehen um den Schanktisch, sie streiten sich munter. Sie tragen unvereinbare, freilich eng miteinander verwandte Meinungsverschiedenheiten aus: Feuerzeuge, Radio-Apparate, Rennpferde, Gattinnen, Automobil-Marken, Aperitifs und manch anderes, was Gemüter ernstlich beschwert. Ein Chauffeur tritt ein. Der Kellner gibt ihm Rotwein. Das Taxi wartet. Der Chauffeur trinkt. Bald steht er allein, der Wirtin gegenüber an der Theke. Der Kellner hängt eine leere Blechbüchse an ein Autorad. Die Gäste lachen. Sie fordern von mir, dass ich mitlache. Warum nicht? Ich stehe auf und lache. Wer lacht denn da aus mir? An meinem Tisch wartet das sanfte grosse Elend. Wart', ich lache nur ein bisschen!

Schräge gegenüber steht der Friseur, weiss, wie eine Kerze, vor der Tür. Bald werden Kunden kommen, nach des Tages Arbeit werden sie kommen, wenn mir der Händler die Abendzeitungen bringt, jene, in denen von heissen Gefechten und kaltem Blut die Rede ist, und die sich – man sollte es nicht glauben – dennoch wie riesengrosse abendmüde Friedens-Tauben raschelnd auf die Tische der Terrasse heimretten. Den ganzen Schrecken der Welt enthalten sie, den Schrecken des ganzen grausigen Tages, davon sind sie so müde. Wenn die ersten silbernen Laternen erglimmen, kommt gelegentlich ein Vertriebener, ohne Wanderstab, ganz, als wäre er zu Hause, und so, als wollte er in einem Atem zu erkennen geben, dass er zu Hause sei, wie daheim, aber auch durchaus in der Fremde heimisch, sagt er: Ich weiss, wo man hier gut und billig essen kann. Und es ist gut so, dass er es glaubt. Es ist gut, dass er unter der silbernen Lichterschnur der Laternen dahingeht und nicht den jetzt, in der anbrechenden Nacht, immer gespenstischer bleichenden Kalk auf dem Platz gegenüber sieht. Nicht alle müssen sich an Schutt gewöhnen und an zerpulverte Mauern.

Der Heimatlose hat die Zeitungen mitgenommen. Er will sie im guten, billigen Restaurant lesen. Vor mir der Tisch ist leer.

Druckvorlage: Das Neue Tage-Buch *(Paris), 25. Juni 1938.*

Ein Kind im Wartezimmer der Polizei

Das Kind lief unbekümmert, ein echtes Kind, mitten durch unsere schaurige Trauer. Wir sassen nämlich im Wartezimmer der Polizei-Präfektur. Wir warteten auf die Erlaubnis, in Paris zu bleiben, oder aber zum Teufel gehen zu dürfen. Wir warteten im Wartesaal. Wo denn sonst wartet ein Mensch? Er wartet in einem Wartesaal.

In einem Wartesaal, meine Herrschaften, gibt es keine gepolsterten Lehnstühle. Man sitzt auf Bänken, die keine Lehne haben. Man sitzt so, wie es sich für Heimatlose gehört, mit gebeugtem Rücken, die Ellenbogen auf den Knieen, und, wenn man will, die Stirn in gefalteten Händen.

Im Wartezimmer der Polizei-Präfektur gehen die Menschen hin und her, auf und ab, schätzungsweise, sagen wir, sind es etwa zwanzig Menschen; Männer zumeist. Sie gehen auf und ab, hin und her. Gott hat sie offenbar geschlagen. Nicht genug daran, dass sie so viele Meilen hatten zurücklegen müssen, um hieher, in dieses Wartezimmer der Polizei-Präfektur zu gelangen, müssen sie auch da drinnen noch auf und ab, hin und her wandern. Es ist, als könnten sie gar nicht innehalten im Wandern und im Flüchten. Auch im Wartezimmer der Polizei noch flüchten und wandern sie.

Ihre Anzüge sind noch gut, aber ihre Gesichter sind sozusagen zerschlissen. (Niemals kann ein Anzug so zerschlissen sein, wie ein Gesicht.) Sie glaubten, die Armen, man könne die Umwelt glauben machen, man sei noch ihrer würdig, weil man, obwohl zu ihr geflüchtet, dennoch sich die Mühe gäbe, genau so auszusehen, wie sie, diese Umwelt, der es nicht im Traum einfällt, zu flüchten! Denn es geht ihr noch gut, der guten Umwelt!

***

Mitten also zwischen den Flüchtlingen, die sich selbst keine Ruhe geben können, lief im Wartezimmer der Polizei-Präfektur das Kind umher, ein blondgelocktes Kind, ein süsses, sage ich, weil jede Umschreibung eine literarische Lüge wäre. (Man soll sich nicht scheuen, das Süsse so zu nennen.) Das blonde Kind im Wartezimmer der Polizei-Präfektur war süss. Es hatte die gewissen blauen Augen, die man den Engeln zuzuschreiben pflegt. Es hatte, mehr noch, den unbeschreiblichen stillen Glanz jener Unschuld, die das wahre Wissen ist; das einzige, das wir auf Erden schätzen sollten, sobald wir es erkannt haben. Es war ein Kind! Ein dreijähriger Knabe!

***

Er nahm mir meinen Stock aus der Hand und schlug mit ihm, wie nur Kinder und Engel schlagen können, den Polizisten, der vor der Tür stand, auf den Kopf. Er lief, der blondgelockte Knabe, allen Polizeibeamten zwischen die geschäftigen Beine. Es war ein wunderbares Stückchen Sonne, ein hurtiges, in unserm grauen Wartezimmer der Polizei-Präfektur.

Ich wollte, ich wäre dieses Kindes Vater gewesen.

Druckvorlage: Das Neue Tage-Buch *(Paris), 10. September 1938.*

Die Kinder der Verbannten

I.

In dieser Zeit, in der Tiere über Menschen herrschen und diese, offenbar, um sich bei jenen einzuschmeicheln, sich in Tierschutzvereinen zusammenschliessen, hat es vielleicht nur wenig Sinn, von Kindern zu sprechen; besonders von den Kindern der Emigranten. Aber immerhin scheint mir noch irgendeine vage Aussicht vorhanden, dass ein paar Menschen, selbst wenn es ihnen lieber wäre, von Papageien und Schäferhunden zu hören, als von Flüchtlingen, noch nicht imstande sind, eine Gleichgültigkeit gegenüber Kindern aufzubringen, die geradezu aus ihren Wiegen vertrieben worden sind, wie die Älteren aus den Häusern. Vielleicht ist es nicht ohne Nutzen, einmal zu zeigen, dass eine gewisse Kategorie von Kindern den altbekannten sogenannten «unschuldigen Kinderblick» nicht mehr hat; die Meduse, der sie begegnet sind, hat eben den Ausdruck ihrer Augen verändert.

Ich habe (allzuoft) Gelegenheit, mit Emigrantenkindern zusammen zu sein. Manchmal treffe ich sie im Wartezimmer der Polizei-Präfektur, wo sie, die so lange gewandert sind, endlich einmal warten dürfen: auf Anweisungen, Ausweisungen, Zuweisungen, Abweisungen, Rückweisungen. Ich gestehe, dass ich mich gerne in derlei Wartezimmern aufhalte. Der Kinder wegen, aber auch des Leides wegen, das sich hier versammelt. Der gehäufte Schmerz erst wird erträglich.

Zuerst, als ich anfing, mich mit dem Leid vertraut zu machen, das die Gastfreundschaft beschert, hatte ich allen Anlass zu glauben, dass die Kinder nichts, oder nur sehr wenig von dem Unglück wissen, das ihren Eltern beschert ist. Und gerade wegen ihrer Unwissenheit liebte und beklagte ich sie alle mehr als ihre Eltern. Man ist leicht geneigt, zu glauben, dass ein unwissendes menschliches Wesen, ein Kind mit dem «unschuldigen Kinderblick» eben, mehr leidet, als ein Erwachsener, der sieht und weiss. Wie gross aber war mein Erstaunen, als ich die bittere Erfahrung machte, dass die Kinder mehr wussten, als ihre Eltern! Und um wieviel stärker wurde da mein Schmerz um sie! Denn – gibt es Schmerzlicheres als *wissende* Kinder zu sehen? Sie wissen mehr, als ihre Eltern. Sie sehen so scharf und unerbittlich, dass mir vielmehr die Eltern einen unschuldigen Kinderblick zu haben scheinen. Man ermesse daran, in welch einer Zeit wir leben! Die Kinder wissen – und die sie gezeugt haben, scheinen ahnungslos neben ihnen. Ahnungslos, wie sie in ihr fürchterlich von ihnen selbst vorbereitetes Geschick gefallen sind, stehen sie neben ihren wissenden Kindern, deren unerbittliches Auge beinahe nicht mehr die Klage gegen die Vergehungen ihres Erzeugers ausdrückt, sondern bereits die Verzeihung …

Im Folgenden gebe ich, zum Beweis, ein Gespräch wieder, das ich mit dem achtjährigen Sohn eines österreichischen Schusters im Wartezimmer der Polizei-Präfektur führen durfte. Der Vater wurde ins Bureau gerufen, um angewiesen, ausgewiesen, eingewiesen oder hergewiesen zu werden. Er bat mich, den Kleinen zu bewachen.

II.

Kannst Du schon Französisch? – fragte ich.

Bald! – sagte er. – Ich bin schon 3 Monate hier.

Willst Du hier bleiben?

Ich weiss nicht. Ich bin zu klein, um zu entscheiden.

Warum seid Ihr denn weg aus Wien?

Wegen der Rassengesetze. Meine Mutter ist Jüdin.

Und warum hat sich Dein Vater nicht scheiden lassen?

Er liebt meine Mutter. Ich auch. (Lange Pause, dann:)

So was gibts!

Hast Du den Führer gesehen?

Ja!

Wie gefällt er Dir?

Sie sind vielleicht ein Spitzel?

Nein! Ich bin ja hier mit Deinem Vater.

Spitzel können Alles!

Ich bin aber kein Spitzel.

Das sagen Alle in Wien, sogar in Ottakring, wo wir gewohnt haben.

Was willst Du machen?

Schiessen am liebsten.

Auf wen?

Auf die Scheisshunde.

Wo findest Du sie?

Überall! Vielleicht sind Sie auch einer.

Möchtest Du mit mir in den Zirkus?

Nein! Wer denkt jetzt an Zirkus?

In diesem Augenblick kam der Vater, der Schuster, der – oh

Wunder! – seine Frau liebte, aus dem Bureau des Polizeibeamten. Er hatte nur eine Anweisung bekommen, keine Rückweisung. Er war heiter. Seine Augen hatten den «unschuldigen Kinderblick», jenen Kinderblick eben, der, sobald er in die Augen von Erwachsenen eintritt, diese zur Torheit nicht nur verpflichtet, sondern auch verdammt.

Er gab mir die Hand und dankte mir dafür, dass ich ihn in die Polizei begleitet hatte. Auf ein Mal hatte ich die Empfindung, dass ich ihm sagen müsse: «Pass auf! Lass Dich von Deinem Sohn an der Hand führen!» Aber ich sagte nur zu dem Kleinen: «Lassen Sie Ihren Vater nicht einen Augenblick allein!»

«Ich weiss, ich weiss!» antwortete er. Und er winkte mir zu, klein, schmächtig, ein Bürschchen – und ein Greis.

III.

Eben sehe ich in einigen Zeitungen folgendes Photo: ein englisches Kind, das angeblich seit zehn Uhr auf Chamberlain und dessen Gattin gewartet hatte, kommt endlich am Nachmittag dazu, dieses Ehepaar zu begrüssen und dem Premierminister seinen Dank im Namen der englischen Kinder für seine Friedens-Reisen nach Deutschland zu überbringen. Es ist ein reizendes, kleines, englisches Mädchen.

Gott bewahre es vor dem Wissen, das den achtjährigen Sohn meines österreichischen Schusters getroffen hat.

Druckvorlage: Die Zukunft *(Paris), 12. Oktober 1938.*

Im Bistro nach Mitternacht

In dem «Bistro», in dem ich jeden Tag nach Mitternacht zu sitzen pflege, verkehren die sogenannten kleinen Leute aus dem Quartier: Briefträger, die den ganzen Tag gearbeitet haben, Polizisten, die im Begriff sind, den Nachtdienst anzutreten und vorher noch einen schwarzen Kaffee mit Kirsch trinken (denn es handelt sich darum, nicht nur wach zu bleiben, sondern auch in der Laune, wach zu bleiben), Kellner, die vom Dienst heimkehren, Schauspieler, deren Theater eben geschlossen worden ist, auch die Kulissenschieber dieses Theaters, Chauffeure, deren Halteplatz sich just vor meinem Bistro befindet, und zufällige Passanten, die eigentlich nur ein harmloses Paket Zigaretten zu kaufen eingetreten waren, aber, verführt von dem verwirrenden, um nicht zu sagen: bunten Anblick der Gäste vor der Theke und den mehrfarbigen Getränken, die vor ihnen stehen, bleiben auch sie, die um harmlose Zigaretten gekommen sind, vor der Theke stehen, trinken und mischen sich ins Gespräch.

Wir Einheimische betrachten sie misstrauisch. Seit vielen Jahren treffen wir uns jede Nacht vor dieser Theke, und es ist ungefähr so, als wären wir vertraute Reisegenossen in einem Coupé geworden, in dem wir seit vielen Jahren dahinrollen – und plötzlich stiegen wildfremde Reisende ein. Dennoch gelingt es Dem und Jenem, unsere Sympathie zu gewinnen, dermassen, dass nach einer feindseligen Stille das Gespräch wieder anfängt, aufklingt, könnte man sagen. Denn nichts kann uns mehr ermuntern, als die plötzliche Einsicht, dass der Eindringling, aus einem fremden Bezirk eingebrochen, lediglich um Zigaretten zu kaufen, eigentlich auch in unserem Quartier zu leben wohl geeignet wäre. Hierauf, nachdem wir durch Blick-Einhelligkeit festgestellt haben, dass er an der Theke bleiben dürfe, setzen wir unseren Gedankenaustausch fort.

Ich gebe hier, ungefähr wörtlich, einen Ausschnitt aus einer unserer nächtlichen Konferenzen wieder:

Der Briefträger, ein schmächtiger Mann auf hurtigen Beinen, wie es sich für seinen Beruf gehört, sagte zuerst: «Ich sage Euch, es wird ein böses Ende nehmen, wenn die Welt so weiter geht. Sehen Sie hier, wir stehen hier, wir trinken; ob wir es noch in einem Jahr werden tun können?»

«Ganz gewiss», sagte ein Mann, der wie ein Buchhalter aussah; das heisst: ruhig, seiner Pension gewiss, seines bescheidenen Bankkontos sicher und dennoch von einer ganz vagen Angst geplagt, es könnte sich plötzlich verflüchtigen. Sein Optimismus war gewissermassen nicht die Folge seiner Sicherheit, sondern eine Beschwörung seiner Befürchtungen. «Jetzt wird man Ruhe haben. Ich fürchte mich nicht.»

«Ich fürchte mich wohl», erwiderte der Kulissenschieber. «Ich fürchte mich vor dem Tod. Man wird hier nicht mehr vor der Theke stehen und trinken können. Ich fürchte mich aber noch viel mehr vor dem Leben. Ja, ich fürchte mich selbst vor dieser Stunde, jetzt, da wir so heiter an der Theke stehen. Es ist mir so, als wäre es nicht wahr, dass wir heiter sind. Wenn Sie ein Kulissenarbeiter wären, wie ich, hätten Sie wahrscheinlich genau die gleiche Empfindung. Es ist etwas von Theater in unserem Leben. Dritter Akt vielleicht. Herr B. wird es bestätigen.»

B., ein Schauspieler desselben Theaters, in dem der Kulissenschieber arbeitete, sagte: «Ja», ohne Überzeugung. Er hatte gar nicht zugehört. Er bildete sich ein, ein Liebling des Publikums zu sein. Er glaubte also, ein einziges «Ja» aus seinem Munde, ohne Überzeugung ausgesprochen, um nicht zu sagen: ausgetönt, hätte bedeutend mehr Gewicht als sämtliche erregten Reden der anderen. Vielleicht war er auch deshalb ein wenig gekränkt, weil die anderen zu ausführlich gesprochen hatten. Denn er war lediglich seiner eigenen inneren Hohlheit hingegeben, und er horchte nur auf deren taube Stimme.

«Ja», sagte der Nachtkellner, «was nennt Ihr die Welt eigentlich? Die Welt, von der Ihr redet, besteht aus einer Handvoll Menschen. Sie lenken die Geschicke der Welt. Die Welt ist ihnen ausgeliefert. [W]er weiss, welche privaten Interessen jeder einzelne hat? Ein Minister ist doch nicht nur ein Minister? Er ist ja auch ein Mensch. Er hat eine Frau, eine Geliebte, einen Sohn. Was hat ihn zu diesem oder jenem Entschluss bewogen?»

Die zwei Polizisten, kräftig, prall, fast schienen sie ihre Uniformen zu sprengen, sagten gleichzeitig: «So ist die Welt. Aber man darf es nicht sagen.» Hierauf bestellten sie noch zwei Cafés mit Kirsch. (Sie haben ermässigte Preise, einigermassen.)

«Keine Politik», sagte der Herr, der wie ein Buchhalter aussah. Er zahlte und wollte gehen. Aber er stiess an der Schwelle mit unserem alten Chauffeur zusammen, den er hasste. Und, um nicht zu verraten, dass er ihn hasse, kehrte der Buchhalter um.

Dieser Chauffeur kommt jede Nacht in unser Bistro. Wenn er nicht so bejahrt wäre, könnte man sagen, er sei lieb Kind im Hause. Er ist nicht mehr «bejahrt», man darf wohl von ihm sagen, dass er bereits «betagt» ist. Er war sein Lebtag Droschkenkutscher gewesen. Als aber die menschliche Periode, die Menschheits-Periode der Pferde aufgehört hatte, war er Chauffeur geworden. Und es ist ein Wunder, dass er es bleiben kann. Denn so, wie er einst gewohnt sein mochte, seine Pferde an jedem Brunnen Wasser trinken zu lassen, so hatte er selbst jetzt, vielleicht in heimwehmütiger Erinnerung an seine längst geschlachteten Tiere, die Gewohnheit angenommen, in allen Bistros einzukehren, an denen ihn seine Kreuz- und Querwege vorbeiführten. Es war geradezu ein Wunder, dass er so spät in der Nacht vermocht hatte, zu uns zu stossen. Aber es war ein gewohntes, bereits ein alltägliches Wunder. Er nahm, wie gewöhnlich, sofort das Wort und sagte:

«Verliert Euch ja nicht alle in Kleinigkeiten! Redet mir nicht von Politik. Ich weiss, worin das Unheil der Welt besteht, weil ich ein Kutscher war. Das Gewissen nämlich, meine Herren, das Gewissen ist ausgelöscht. Es ist durch die Genehmigung ersetzt worden. Früher einmal hatte jeder lebendige Mensch sein eigenes Gewissen. Dem war er verantwortlich. Meine Pferde selbst noch hatten ihr Gewissen. Heute, sehen Sie, um Ihnen ein kleines Beispiel aus unserem Beruf zu geben: ausserhalb jener Nägel, die man über die Strassen gelegt hat, darf man einen Menschen überfahren. Wenn ein Zollbeamter einen gelähmten oder blinden Passagier an der Grenze aus dem Coupé herauszerrt, um ihn im Amtszimmer zu untersuchen, so spricht keine Spur von Gewissen aus dem Zollbeamten. Er hat nicht nur die Genehmigung; er hat sogar die Befugnis. Und dabei ist ja auch der Zollbeamte ein Mensch. Der Minister hat die Genehmigung, für sein Volk zu verhandeln. Die Genehmigung tötet sein Gewissen. Was gar die Diktatoren betrifft, so besteht das angebliche Rätsel ihrer Existenz darin, dass sie sich die Genehmigung selbst genehmigt haben. Sie wollen das Gewissen nicht nur betäuben, sondern auch töten. Haben sie auch! Die demokratischen Herren wollen es nur betäuben. Haben sie auch getan! Mit nachträglicher Genehmigung. Ich kenne die Pferde, meine Herren! Jedes Pferd hat gezögert, wenn ein Mensch über die Strasse gelaufen kam. Mein Taxi zögert nicht. Meine Pferde hatten Gewissen. Mein Motor hat die Genehmigung. So sehe ich den Unterschied, in allen Dingen. Zu meinen Zeiten, als ich noch Kutscher war, hatte sogar ein Diplomat Gewissen. Heute, da ich Chauffeur bin, hat sogar ein Abgeordneter nichts mehr als Befugnisse.

Kein Gewissen mehr in der Welt! Kein Pferd!»

So beendete er seine Rede – und alle lachten. Denn sie hielten ihn für angetrunken, und er war es auch. Und es entspricht ausserdem den Menschen dieser Zeit, der Wahrheit unter anderem auch dadurch zu entgehen, dass sie, die selbst trunken sind, aus der Tatsache, dass ein Trunkener diese Wahrheit sagt, die Hoffnung schöpfen, er rede nur irre.

Die beiden prallen Polizisten gingen. Zwei Uhr schlug es vom Senat. Und die Wirtin sagte: «Jetzt geht man schlafen.» Und sie begann, die Tische umzustülpen und die Stühle. Es sah aus, als ritten die Stühle nachtsüber auf den Tischen.

Druckvorlage: Die Zukunft *(Paris), 11. November 1938.*

Das bittere Brot

Der Tag erhebt sich, und der arme Mann wünscht, die Nacht* noch auszudehnen. Es ist zwar Dezember, also ein später Tag, und er kommt dennoch zu früh. Die Morgen sind böse, aber mit der Zeit hat der arme Mann gelernt, dass man sie überstehen muss, um jeden Preis, denn der Tag wartet schon. Nicht alle Tage sind so böse, wie ihre Vorläufer, die Morgen. Einige, seltene, waren schon überraschend günstig, mehrere waren ausgesprochen schlecht. Man kann aber des Morgens, beim Aufstehen, noch nicht wissen, wie ein Tag wird.

Es ist ein winziges Hotelzimmer im vierten Stock, mit scharlachroten, von gelben Sonnenblumen unterbrochenen Tapeten. Von der nahen Turmuhr schlägt es acht. In den Röhren der Wasserleitung dröhnt es, weil ein Mieter im ersten oder im zweiten Stock den Hahn aufgedreht hat. Auch der arme Mann tritt an die Wasserleitung. Seit zwei Wochen hängt dasselbe Handtuch über der Messingstange. Der Schmutz der vergangenen Tage klebt am Handtuch, der günstigen, der mittelmässigen oder der ausgesprochen schlechten Tage. Auch das Bettzeug ist schon vier Wochen alt. Aber des Morgens muss man es nicht unbedingt anschauen, und in der Nacht sieht man es nicht, denn die elektrische Birne an der Decke beleuchtet nur die Mitte des weissen Plafonds, eine Lampe für Fliegen. Die Spinnen aber warten in den finsteren Ecken, hinter den dichten grauen Gewe-

* Im Erstdruck: *Macht*

ben, die sie selbst gesponnen haben, wahrscheinlich warten sie auf den Augenblick, wo der arme Mann das Licht auslöscht und tappend, auf nackten Sohlen, von der Tür zum Bett schleicht. Dann verfangen sich wahrscheinlich die Fliegen in den Netzen und werden eingesponnen, ausgehöhlt und aufgezehrt. Denn jedes Geschöpf muss räubern, stehlen, töten, essen, leben. Nur der arme Mann muss Geld haben, sonst kann er nicht leben.

Dass gerade ein armer Mann Geld haben muss, ist längst nichts Neues mehr. Wenigstens ein bisschen Geld muss ein armer Mann haben, viel braucht nur ein reicher. Aber ein reicher Mann bekommt leichter viel Geld, als ein armer ein bisschen; und am Ende ist es vielleicht auch ähnlich mit der Spinne. Die in günstigen Winkeln ansässigen und mit dichten grossen Netzen versehenen bekommen mehr Fliegen. Aber auch das kann den armen Mann nicht trösten.

Insbesondere nicht am Donnerstag, und heute ist Donnerstag. Denn an diesem Tage ist die Hotelrechnung fällig. Hätte man einen ganzen Monat vorauszahlen können, so müsste man nicht jede Woche Angst vor dem Wirt haben, und sogar die Donnerstage könnten erträgliche Tage sein. So aber fangen gerade sie sehr unangenehm an. Und heute ist, wie gesagt, Donnerstag.

Dennoch wäscht sich der arme Mann wie Dienstag und Mittwoch, und er versucht, noch eine saubere Ecke im Handtuch zu finden, um sich darin abzutrocknen. Aber ein Handtuch hat nur vier Ecken, und alle sind schmutzig. Von der Mitte kann gar nicht die Rede sein.

Der Überzieher hängt an der Türklinke*, denn der Kleiderhaken steckt so locker im viel zu weiten Loch an der Wand, dass

* Im Erstdruck: *Türklinge*

er nur noch den Hut tragen kann. Der arme Mann setzt den Hut im Zimmer auf, den Mantel aber zieht er erst auf der Stiege an, und das Zimmer sperrt er nicht zu. Nur den Schlüssel zieht er ab, denn er muss ihn unten abgeben. Er sperrt das Zimmer nicht ab, gewissermassen aus Auflehnung gegen die Armut und, als könnte es irgendjemanden im Treppenflur, oder überhaupt irgendwo geben, der ihm etwa sagen würde: Seien Sie doch vorsichtig! – Und, als könnte er, der arme Mann, nunmehr Gelegenheit haben, zu antworten: Was sollte man mir schon stehlen? Ich habe nichts! – Aber es fällt keinem Menschen ein, einen armen Mann vor Diebstählen zu warnen.

Alles, was der arme Mann besitzt, nimmt er mit. Es hat Platz in einem kleinen Handkoffer, und man kann nicht einmal sagen, dass alles drinnen wirklich sein Besitz ist: die Bleistifte, die Hemdmuster, die Kragenknöpfe, die Zwirnspulen, die kunstseidenen Strümpfe, die Seifen, die Parfümfläschchen: alles hat er «in Kommission» bekommen. Zuerst muss man die Waren verkaufen, den Erlös abliefern, dann hat man ein bisschen Geld. Der arme Mann greift nach der Brusttasche, wo das Notizbuch liegt. Darin sind die wichtigen «Rekommandationen» verzeichnet, das heisst, Adressen von Leuten, die im Verdacht stehen, mehr Geld zu haben, als ein armer Mann, zumindest soviel, dass sie ihre Zimmer abschliessen zu müssen glauben. Diese Leute hat man dem armen Mann empfohlen. Aber die Menschen wollen sich nicht bei Bekannten unbeliebt machen. Sie denken, dass es dem armen Mann weniger schadet, wenn er sich unbeliebt macht.

Ohne diese «Rekommandationen» wüsste man wirklich nicht, wohin man den Fuss setzen soll, nachdem man das Hotel verlassen hat. So aber weiss man wenigstens welche Richtung einzuschlagen ist, und es ist vielleicht besser, höher zu steigen, denn die Hoffnung dauert länger, je höher die Rekommandierten wohnen. Im ersten Stock aber warten, wie es dem armen Mann scheint, gewöhnlich Enttäuschungen.

Er will ein Dutzend Bleistifte verkaufen. Man sollte nicht glauben, dass man an Bleistiften mehr verdient, als zum Beispiel an Hemdknöpfen und, wie schwer sie «abzusetzen» sind. Wenn der arme Mann nur einmal schon ein Dutzend Bleistifte abgesetzt hätte, könnte er sagen, er hätte «eine[n] Abschluss getätigt». So aber, da er nur einzelne Bleistifte verkauft, sagt er zu sich, von sich selbst, er könne auf den «Detailhandel» rechnen. Und er setzt hinzu: heutzutage. Die Zeiten sind schlecht, kein Zweifel! Für reiche Menschen vielleicht. Der arme Mann rückt ihnen gleichsam näher, wenn er: heutzutage sagt.

Dieser Donnerstag aber scheint bessere Zeiten einleiten zu wollen. Denn eine «Rekommandation» hat achtzehn Bleistifte und sechs Hemdknöpfe gekauft und gesagt, der arme Mann solle nicht vor zwei Monaten wiederkommen. Zwei Monate sind für einen wohlhabenden Menschen eine sehr lange Zeit, er schaut im Taschenkalender nach. Das ist alles. Für einen armen Mann sind zwei Monate zwei Ewigkeiten. Wenn sich jemand mit ihm verabreden sollte, zwei Tage später, morgen nur, man könnte nicht zusagen. Man weiss noch nicht, aus welcher Richtung man heute nach Hause zurückkommen wird. Der arme Mann weiss noch nicht, ob er heute nach Hause kommen wird. Er geht in ein Bistro, trinkt Kaffee und taucht einen Kipfel hinein. Er gibt sich dem Genuss nicht ganz hin, denn er hat nicht vergessen, dass heute Donnerstag ist.

Dennoch ist es ein guter Donnerstag. Denn ehe noch der*

* Im Erstdruck: *den*

Abend eingebrochen ist – und im Dezember hat der Tag wenig Zeit und verschwindet schnell – hat der arme Mann sogar drei Paar Damenstrümpfe verkauft und eine Bestellung auf drei Hemden (mit festen Kragen) entgegengenommen. Wer weiss, was alles er noch heute verkaufen könnte, wenn nicht nur nicht Donnerstag, sondern auch nicht der neunundzwanzigste Dezember wäre. An diesem Tage nämlich muss der arme Mann auch zur Polizei. Er hat ein Papier, auf dem geschrieben steht, wie er heisst und woher er kommt und wo er wohnt. Es steht aber nicht darauf, wie lange er wohnen kann und wohin er gehen darf.

Man sagt ihm nichts. Er wartet. Dann stellt er den Koffer hin und steht an einem Schalter, und ein Herr drückt sofort einen Stempel auf das Papier; so schnell, dass der arme Mann fragen möchte, ob der Herr nicht Bleistifte braucht. Er besinnt sich aber und entfernt sich, der arme Mann. Was braucht er noch? Den Wirt kann er bezahlen. Vierzehn Tage kann er noch bleiben. Eine Wurst, einen Käse, ein Bier kann er bezahlen. Der arme Mann ist von Zuversicht erfüllt. Und dazu an einem Donnerstag.

Er fährt nach Hause, zahlt, steigt ins Zimmer und legt sich ins Bett. Heute macht er gar kein Licht: so zufrieden ist ein armer Mann.

Druckvorlage: Pariser Tageszeitung, *3. Januar 1939.*

Frauen vor dem Schaufenster

Manchmal sehe ich ausgewanderte, eingewanderte Frauen in den Strassen, in denen die noblen und luxuriösen Läden den ausgewählten, ja den raffinierten Geschmack in den Schaufenstern auslegen. Freilich bleiben auch die einheimischen Frauen vor diesen Schaufenstern stehen, aber die eingewanderten verharren länger vor den Auslagen – oder aber sie gehen mit schlecht gespielter Gleichgültigkeit an ihnen vorbei. Da liegen sie: der Schmuck aus grüner Yade, zum Beispiel (und der passt für das weisse Kleid)[,] besonders, wenn man schwarze Haare hat; der amethystene, wenn man blond ist. An die «wirklich teuren» Sachen ist ja nicht zu denken: an das Kollier aus Smaragden. Dort ist das lila Pyjama, lässig hingelegt, als steckte man selber schon drin. Und das blassblaue Hemd mit der zart-rosaroten Bordierung, das man eigentlich längst nicht mehr t[r]ägt – aber wie gerne trüge man es! Und diese Strümpfe – eine Pracht von Strümpfen, keine Dinger, die eine Reklame Jahre lang vergeblich dem «wirklich guten» Geschmack als «elegant» einzureden versucht hat – sondern Seide – von echten Seidenwürmern gesponnen! Und Schals, hauchdünn und dennoch warm, der Adel der Wolle selbst – und mattsilberne Agraffen, von denen zusammengehalten, die Schals erst Schals werden …

Oh, man ist oft auch in der Heimat vor Schaufenstern gestanden, Sehnsucht im Herzen und Habsucht im Auge. Aber dort war die Armut nur ein Zustand, und hier ist sie ein Verhängnis. So scheint es wenigstens. Dort war der Wunsch kaum erfüllbar, aber immerhin noch ein Bestandteil der Hoffnung. Hier aber ist er geradezu ein Bestandteil der Hoffnungslosigkeit. Dort war immerhin noch der Neid sogar möglich, wie jede Sünde möglich und menschlich ist. Hier kann man kaum sündigen. Das Billigste an der Fremde ist, dass man bald auch das Bittere nicht mehr spüren wird …

Oh, es ist Dein «Luxus», derartig zu denken und so zu fühlen! Auch hier, im fremden Land, gibt es einheimische Frauen, die kaum Gelegenheit haben, vor den Schaufenstern stehen zu bleiben: arbeitende Frauen eben, die keine Zeit haben. Aber sie wissen auch wenigstens, weshalb sie nicht stehen bleiben können. Ja, auch zu Hause machte sich der unerreichbare Reichtum breit. Aber dort konnte man sich noch gegen ihn empören. Die Empörung war unfruchtbar, erleichternd und nicht sinnlos. Und eigentlich empörte man sich gegen die eigene Armut …

Die Jahre im Krieg – sagt man – zählen doppelt für Männer. Aber den Frauen scheinen alle Jahre zu schnell, auch die im Frieden. Nun, die Jahre in der Fremde zählen mindestens dreifach.

Und jede Viertelstunde, die man, genarrt von unerfüllbaren Sehnsüchten, vor fremden Schaufenstern steht, dauert eine Woche. Und es gibt unerlaubt viele Schaufenster in dieser Welt, durch die man wandern muss – wenn man ein Mensch dieser Zeit ist; ein Mensch, gleichgültig welchen Geschlechts. Die Schaufenster nehmen keine Rücksicht darauf.

Druckvorlage: Pariser Tageszeitung, *24. Januar 1939, unter Roths Pseudonym Christine von Kandl in der Rubrik* Pariser Notizen.

Clemenceau im Panoptikum

Es war ein Jahr nach dem Tode Clemenceaus, ein regnerischer Sonntag-Nachmittag: einer der regnerischen Pariser Sonntagnachmittage, an denen man der feierlichen Trostlosigkeit der Strasse entfliehen muss. Menschen, die «mit der Zeit gehen»[,] setzen sich ins Kino. Jene, die «hinter der Zeit zurückzubleiben» entschlossen sind, versuchen dorthin zu gehen, wo die Vergangenheit in relativ dauerhafter Weise festgehalten wird: nämlich ins Panoptikum, in das Musée Grevin.

Bösewichter, Philanthropen, Staatsmänner, Tyrannen, Greuel, Scheusale, Heilige, Mörder und Genies sind im Musée Grevin zu sehen. Es ist der Luxus, den sich die Natur leistet, im Vorzüglichen wie im Entsetzlichen. Es ist lehrreich, ihn von Zeit zu Zeit wiederzusehen, besonders an verregneten Sonntagen, wenn man nicht unbedingt mit dieser Zeit gehen möchte.

Aber nichts ist dauerhaft in dieser Welt. Auch das Wachs im Musée Grevin wird eines Tages umgeschmolzen. Also kann es geschehen, dass die Materie, aus der die Abbilder unserer aktuellen Mächtigen, der Staatsmänner und der Diktatoren zum Beispiel, hergestellt sind, in fünf, zehn, zwanzig Jahren in noch aktuellere Missgeburten, Schreckensgestalten, Unholde neu geschmolzen wird. Eine gewisse Beständigkeit ist nur den Statuen der schon in die Legende aufgenommenen menschlichen Bestien und menschlichen Genies gesichert. Denn weit gerechter, als die Geschichte, ist die Legende; und das Museum der Legende ist das Panoptikum. Mit dem letzten Panoptikum der Welt werden auch die Legenden aufgehört haben.

Im Panoptikum steht also, wahrscheinlich und hoffentlich für lange Zeit, die wächserne Statue Clemenceaus. «So wie er leibt und lebt» – muss man sagen. Denn die peinlich-getreue realistische Imitation vermittelt zwar nicht die «Kenntnis» des Menschen, den sie darstellt, aber sie erleichtert ohne Zweifel besser, als die Photographie den Zugang zum äusserlichen Wesen des Objekts. Die Dreidimensionalität der Wachspuppe und die skrupulöse Exaktheit des Details kann die Photographie nicht geben. Sie hat, auch in ihren Anfängen schon, die latente Neigung, den Gegenstand zu interpretieren. Die Beschränkung auf Schwarz und Weiss, Licht und Schatten ist zu verführerisch. Die Wachspuppe aber hat keine illegitimen Ambitionen. Die Materie gesteht von selbst und von vornherein ihre Beschränkung. Der Ehrgeiz des Wachsbildners ist die getreueste Nachahmung der Physiognomie und der Gestalt. Die einzige intuitive Freiheit, die er sich gestattet, ist: die charakteristische körperliche Haltung seines Originals zu finden.

Lange Zeit stand ich nun im Musée Grevin vor dem wächsernen Clemenceau. Das Panoptikum war gut besucht. Aber ich stellte fest, dass sich nicht auch nur ein Besucher vor dem Abbild des Mannes aufhielt, der für Frankreich den Sieg errungen hatte. Ihm hatten es diese braven Menschen wahrscheinlich zu verdanken, dass sie die Sonntage nicht in preussischen Kasernen verbringen mussten, oder zumindest nicht in einer Welt, die ohne Zweifel für ein ganzes Jahrhundert den Aspekt eines Magdeburgs geboten hätte, mit lauter Sieges-Alleen als «Ein- und Ausfahrtstrassen». Ich dachte an das Wort Lichtenbergs: Die Völker haben die Neigung, die lebendigen Heroen als Bildnisse zu verehren; sobald die Heroen in Stein dastehen, vergisst man die Originale. – Es war kein Stein, es war nur Wachs. Aber die Vergesslichkeit der Menschen gilt offenbar jeder Materie.

Clemenceau stand da, wie er auf der Tribüne im Cirque Fernando gestanden sein mochte, einen Fuss leicht vorgestreckt, in schwarzer Redingote, mit schwarzer Smoking-Schleife, die rechte Hand bereit und im Begriff, ein eben zu sprechendes Wort zu unterstreichen. Es war nichts Triumphales in Gesicht, Gestalt, Haltung; wohl aber ein deutlich Kämpferisches. Es war nur eine wächserne Puppe? – Ich glaube, dass die Magie der wahren Persönlichkeit auf dem Weg durch die Hand des Bildners selbst die Wachs-Materie noch belebt. Die Wendung: «bietet die Stirn» kam gleichsam aus der metaphorischen Sphäre wieder in die ursprünglich konkrete zurück. Ein Tiger in der Defensive, im Bereich des Humanen angesiedelt. Der dichte Schnurrbart fällt über die Oberlippe, die hoch am Stirnjoch wuchernden struppigen Brauen stehen wie warnende Hindernisse über der dunklen Glut der Augen. Das «Private» ließ das Historische, auch das «Offizielle» vergessen. Das äusserliche, aber intime Detail weist unter Umständen den Weg zum rein Menschlichen.

Es war halbdunkel im Panoptikum; ein Halbdunkel, geboren aus dem sparsamen Lampenlicht in fensterarmen Räumen und aus den Schatten, den die Figuren selbst werfen. Es ist der Dämmer einer künstlichen Unterwelt, ein schraffiertes Grau, das die Überdeutlichkeit der Nachbildungen und die aufgetragene echte Lebensfarbe der Gesichter mildert. Ein leichter Schauer ist unausweichlich. Aber er ist es eben, der diesem Museum einen legitimen Sinn gibt und die poetische Beziehung des Panoptikalen zum Legendarischen herstellt.

Aus dem bis März 1939 entstandenen, zu Lebzeiten unveröffentlichten Buch Clemenceau; *Druckvorlage: Typoskript mit handschriftlichen Korrekturen, LBI, S. 108–112.*

Betrachtungen an einer Strassenecke

[I.]

Erst ein paar Jahre ist es her, dass mir ein ungewöhnlich günstiges Geschick die Möglichkeit gab, viele fremde Länder zu sehen, fremde Landschaften, fremde Gesichter, die Sonne und den Nebel, Berge, Tal und Meer. Auch unwirtliche Gegenden noch bestrebten sich, eben diese ihre Unwirtlichkeit noch für mich gleichsam anziehend zu machen, sie lächelten mich unwirsch an. Und was soll man erst von den selbstverständlich freundlichen Gegenden sagen? Und die Schiffe waren weiss angestrichen in den Häfen, wie Bräute erwarteten sie mich. Und wie gute schnell gefällige Freunde führten mich die Züge über tausende Meilen und übergaben mich getreulich der Station, in der ich aussteigen wollte. Allmählich bildete sich also in mir die Meinung, dass ich die Welt kenne, oder wenigstens einen großen Teil der Welt. Und auch die Menschen gar wohl zu kennen, bildete ich mir ein. Sie haben nämlich die Eigenschaft, sich darzubieten, wenn man ihnen entgegenfährt[;] und, wenn man gekommen ist, um ihre Gastfreundschaft nicht in Anspruch zu nehmen, rücken sie Einem mit ihrer Gastfreundschaft geradewegs zu Leibe. Und ähnlich, wie sogar noch die unwirtlichen Gegenden mir ihre Unfreundlichkeit sozusagen mit vollen Händen darzubieten pflegten, so offenbarten sich auch mit geradezu rührendem Freimut, die unangenehmen Menschen als unangenehm. – Seitdem ich aber gezwungen bin, die Länder, die Schiffe und die Eisenbahnen und die Grenzwächter zu meiden und, auf meinen müden Wanderstab gestützt, seit undenklichen Monaten auf einem und demselben Fleck sitze, in dieser Taverne an einer Strassenecke, die ich gar nicht verlasse, habe ich allmählich gelernt, die Mangelhaftigkeit meiner früheren Welt- und Menschenkenntnis einzusehen. An einer einzigen Strassenecke eines stillen Stadtbezirkes geschieht so viel, so Besonderes und so Gewöhnliches, wie in der ganzen Welt; und ich erkenne es besser. Und der für einen Weltreisenden blamable Verdacht regt sich in mir, dass die Einheimischen in den Ländern, die ich ehemals besucht hatte, mich besser gekannt haben, als ich sie. Wer da sitzt und beharrt, sieht viel. Und wer da kommt und geht: was kann er schon gesehen haben?

Nun kenne ich Den und Jenen unter den Leuten, die in dieser Gegend leben, in die Taverne eintreten und an ihr vorübergehen, und eine Regung, die hässlich wäre, bemühte ich mich nicht, mir selbst die Tendenz einer mitleidigen Wissbegier zu geben, veranlasst mich, zu schauen und zu hören. Oh, ich möchte kein Lauscher an der Wand sein, sondern eine Wand, die unschuldiger Weise Ohren und Augen hat: sie kann nichts dafür. Und sie hört und sieht Erstaunliches.

II.

Wenn sie allein sind, die Menschen, fällt der Glanz von Dem und Jenem ab, und nicht nur der äussere. Und die Menschen sind so allein, wenn sie vorübergehn. Was einer meiner Freunde, ein Schalterbeamter vom Postamt nebenan an zwei Tagen sieht und mir in einer halben Stunde erzählt, habe ich in achtzehn

Expresszügen nicht erfahren können – und in Personenzügen auch nicht. Er sitzt hinter dem Schalter, er sitzt und verharrt. So sitzen oft gelähmte Greise in ihren Rollstühlen, in der Sonne, vor den Türen ihrer Häuser, und man sagt von ihnen, sie wüssten von Nichts, weil sie nirgends hinkämen. Aber bestimmt wissen sie mehr, als einer, der läuft. Und das wirklich Wesentliche kann sich an keinem Ort der ganzen weiten Welt anders ereignen, als an einer einzigen Strassenecke einer einzigen Stadt. So armselig wenige Variationen gibt es in der menschlichen Gattung, wie im menschlichen Geschehen! Auch noch das Ungeheuerliche, das sich heutzutage da und dort ereignet, hat seine Urmuster in dem selbstverständlichen Streit zweier Männer um Frau oder Geld oder Beides: an meiner Strassenecke. Und die Diktatoren, die Totalitären, ihre Anhänger, ihre Gegner und die Neutralen, die objektiven Urteiler kommen da vorbei.

Oh, nicht, dass ich gerade auf meine Strassenecke besonders eingebildet wäre! An jeder anderen könnte sich das Gleiche ereignen; könnte man das Gleiche erfahren, oder Ähnliches. Man sollte es aber einmal aufschreiben.

Erstdruck: Pariser Tageszeitung, *1. März 1939; Druckvorlage: Typoskript, handschriftlich nummeriert, drei Seiten, LBI.*

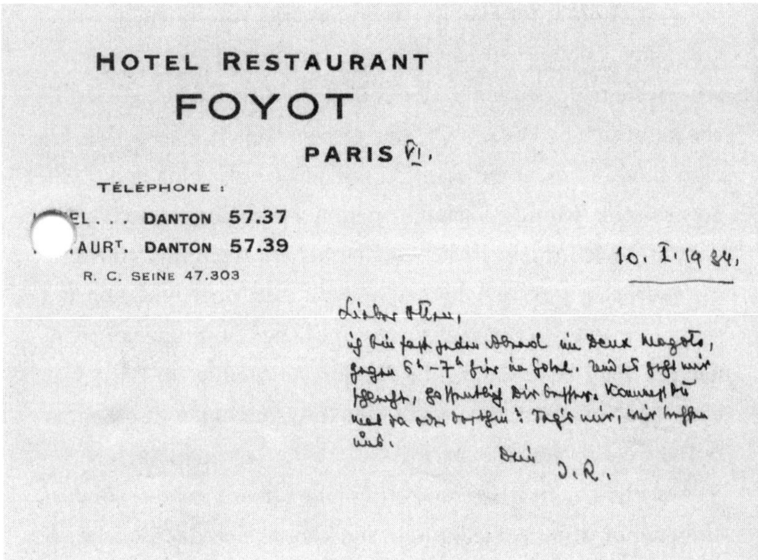

HOTEL RESTAURANT

FOYOT

PARIS VI.

TÉLÉPHONE :

…EL . . . DANTON 57.37

…AURT. DANTON 57.39

R. C. SEINE 47.303

10. I. 1934.

Lieber Otten,

ich bin fast jeden Abend im Deux Magots, gegen 6h–7h hier im Hotel. Und es geht mir schlecht, hoffentlich Dir besser. Kommst Du mal da oder dorthin? Sag's mir, wir treffen uns.

Dein J. R.

Nachricht von Roth an den Schriftsteller Karl Otten (1889–1963), DLA: «[…] ich bin fast jeden Abend im Deux Magots, gegen 6 h–7 h hier im Hotel. Und es geht mir schlecht, hoffentlich Dir besser. Kommst Du mal da oder dorthin? Sag's mir, wir treffen uns.»

NACHWORT

Die Hauptstadt der Welt

Von Jan Bürger

1

Liberté, égalité – Frankreich bedeutet Freiheit und Gleichheit. Endlich spielt für Joseph Roth seine Herkunft einmal keine besondere Rolle. Endlich kann er den vermeintlichen Makel abschütteln, aus dem galizischen Brody zu stammen, aus dem äußersten Osten des deutschen Sprachraums, und dabei noch nicht einmal seinen Vater zu kennen. Der Getreidehändler Nachum Roth ließ seine Frau während der Schwangerschaft allein und «verschwand auf Nimmerwiedersehen», wie Roth selbst es in einem biografischen Rückblick formuliert.* In Paris muss ihn das nicht kümmern: Hier fragt ihn keiner nach seinem Familienhintergrund. Ob er Christ ist oder Jude, das scheint hier ganz nebensächlich. Sogar das Gefälle zwischen Arm und Reich gerät dem sonst für soziale Milieus so sensiblen Roth aus dem Blick. Alle Unterschiede werden überstrahlt von Weltläufigkeit, Courtoisie und verfeinerter Erotik. In Paris findet Roth

* Joseph Roth: *Briefe 1911–1939*, hg. von Hermann Kesten, Köln und Berlin 1970 [im Folgenden: Briefe], S. 165.

einfach alles besser als in Deutschland und Österreich, und obendrein ist das Leben auch noch preiswert.

Als der 30-jährige Journalist und Schriftsteller im Mai 1925 zusammen mit seiner Frau Friederike zum ersten Mal in die französische Hauptstadt kommt, fühlt er sich, als sähe er die Welt plötzlich mit anderen Augen. Wer Paris nicht kenne, der sei nur ein halber Mensch, so lautet die Formel, die sein neues Lebensgefühl auf den Punkt bringt. Hier scheint das große Glück möglich, dem das junge Paar in Wien und erst recht im krisengeschüttelten Berlin vergeblich hinterherlief. Ganz zu schweigen von Frankfurt am Main, wo Roth in den Vormonaten für die *Frankfurter Zeitung*, die meist dreimal am Tag herauskam, Redaktionsdienst schob. Politisch linke und liberale Autoren wie er oder Siegfried Kracauer füllten hier die untere Hälfte der Seiten: mit Feuilletons, Reportagen, Reflexionen und Kritiken. Auch Erzählungen und Fortsetzungsromane kamen regelmäßig zum Abdruck. Die prominenteren Bezirke über dem «Strich» waren hingegen der Politik und der Wirtschaft vorbehalten, und diese Grenze schien schier unüberwindlich.* Zumindest die Mitarbeiter aus dem Bereich der Kultur ließ man kaum in die Politik vor, während von oben nach unten zuweilen kräftig durchregiert wurde, besonders wenn es um brisante Themen ging.

Doch für Roth zogen sich durch die Redaktion nicht nur politische Konfliktlinien. Hinzu kamen der Kampf der Generationen und – *last, not least* – Fragen des Stils. Als Journalist war er entschieden modern: Er schrieb sachlich, stets nachvollziehbar,

* Hierzu: Sylvia Asmus, Heinz Lunzer, Victoria Lunzer-Talos (Hg.): *So wurde ihnen die Flucht zur Heimat. Soma Morgenstern und Joseph Roth. Eine Freundschaft*, Bonn 2012, S. 55f.

klar und zugleich betont subjektiv. Kaum weniger als seine Bücher bestechen seine Reportagen und Feuilletons durch Roths unverwechselbaren Ton, durch ein Amalgam aus österreichischem Charme und unverbrauchten, oft drastischen Bildern, um die ihn jeder Berliner Asphaltliterat hätte beneiden können.

Mitunter bis zur maßlosen Arroganz war Roth sich dessen bewusst, dass er in der blühenden Zeitungslandschaft der Weimarer Republik zu den großen Ausnahmeerscheinungen gehörte. Nach seinen Anfängen bei Wiener und Prager Zeitungen wagte er 1920 einen Wechsel nach Berlin, wo er bald für den *Berliner Börsen-Courier* und den sozialdemokratischen *Vorwärts* schrieb. Hinzu kamen Artikel im renommierten Kulturteil der *Frankfurter Zeitung.*

1924, nach gut zwei Jahren als regelmäßiger Beiträger, wurde er Mitarbeiter des «Berliner Büros» der *Frankfurter Zeitung,* um einige Monate später in die hessische Hauptredaktion zu wechseln. Hier freundete er sich besonders mit Benno Reifenberg an, dem Feuilleton-Chef, und doch hatte er den Journalismus bald über. Die Euphorie, für eine der besten Zeitungen Europas zu schreiben und dafür auch noch gut bezahlt zu werden, verflog schnell. Ebenfalls 1924 hatte er mit *Hotel Savoy* den ersten seiner großartigen Romane veröffentlicht. Von Februar bis März wurde das Buch in der *Frankfurter Zeitung* vorabgedruckt, bevor es im ambitionierten Berliner *Verlag Die Schmiede* herauskam – im selben Jahr erschien dort Franz Kafkas Erzählungsband *Ein Hungerkünstler,* und 1925 folgte *Der Prozess.*

Dieser erste größere Auftritt als Romancier bleibt für den Journalisten Roth nicht ohne Folgen: Das positive Echo von *Hotel Savoy* rückt sein Selbstverständnis zurecht. Von nun an will er der Arbeit an seinen Romanen und Erzählungen mehr Raum geben; die Zeitung dagegen scheint ihm für seine weitere künstlerische und intellektuelle Entwicklung fast ein Hindernis. Wäre er nicht finanziell auf sie angewiesen, würde er sich lieber heute als morgen von ihr verabschieden.

Auch vor diesem Hintergrund bedeutet Frankreich für Joseph Roth im Mai 1925 Freiheit: Er kann sich zwar den Wunsch nicht erfüllen, den Journalismus an den Nagel zu hängen, aber die Aussicht, vorerst und vielleicht sogar mehrere Jahre lang für die *Frankfurter Zeitung* aus Paris zu berichten, schafft eine größere Flexibilität und innere Unabhängigkeit. Anstatt in Redaktionsstuben arbeitet Roth nun wieder bevorzugt in Cafés. Tag für Tag sitzt er dort, schreibend und trinkend, und um ihn herum tobt der Alltag der faszinierendsten Metropole Europas.

Verständlich, dass er im Mai 1925 schon nach ein paar Tagen gar nicht mehr weg möchte. Roth fühlt sich, als hätte er seine vergessene Heimat entdeckt. «Paris ist die Hauptstadt der Welt», lässt er wenig später einen an der Seine lebenden Belgier in dem Roman *Die Flucht ohne Ende* konstatieren. Das klingt fast so, als hätte Roth seinen ersten Brief aus Paris an Benno Reifenberg vom 16. Mai 1925 in den Roman hineinkopiert. Weiter heißt es dort: «Moskau wird es vielleicht noch werden. Paris ist außerdem die einzige freie Stadt der Welt. Bei uns wohnen Reaktionäre und Revolutionäre, Nationalisten und Internationalisten, Deutsche, Engländer, Chinesen, Spanier, Italiener, wir haben keine Zensur, wir haben loyale Schulgesetze, gerechte Richter – »*

In *Die Flucht ohne Ende* legt Roth seinen Figuren manches in

* Joseph Roth: *Werke 4. Romane und Erzählungen 1916–1929*, hg. von Fritz Hackert, Köln 1989, S. 421.

den Mund, wovon er selbst überzeugt ist – in Bezug auf die französische Hauptstadt sicher manchmal etwas zu überzeugt. Roths Paris gleicht einem Gegenprogramm zu Rainer Maria Rilkes berühmten Worten aus den *Aufzeichnungen des Malte Laurids Brigge* von 1910. «So, also hierher kommen die Leute, um zu leben, ich würde eher meinen, es stürbe sich hier», heißt es resignativ zu Beginn von Rilkes Roman. «Ich bin ausgewesen. Ich habe gesehen: Hospitäler. Ich habe einen Menschen gesehen, welcher schwankte und umsank. Die Leute versammelten sich um ihn, das ersparte mir den Rest.»*

Auch Roths Franz Tunda, der Held aus *Die Flucht ohne Ende,* hat es nicht leicht in Paris. Er aber verzweifelt eindeutig an sich selbst und nicht an der Stadt. Die letzten Zeilen des Romans zeigen ihn kaum glücklicher als Malte Laurids Brigge, und doch sind sie eine Hymne auf den flirrenden Alltag unter dem Eiffelturm: «Es war am 27. August 1926, um vier Uhr nachmittags, die Läden waren voll, in den Warenhäusern drängten sich die Frauen, in den Modesalons drehten sich die Mannequins, in den Konditoreien plauderten die Nichtstuer, in den Fabriken sausten die Räder, an den Ufern der Seine lausten sich die Bettler, im Bois de Boulogne küßten sich die Liebespaare, in den Gärten fuhren die Kinder Karussell. Es war um diese Stunde, da stand mein Freund Franz Tunda, 32 Jahre alt, gesund und frisch, ein junger, starker Mann von allerhand Talenten, auf dem Platz vor der Madeleine, inmitten der Hauptstadt der Welt und wußte nicht, was er machen sollte. Er hatte keinen Beruf, keine Liebe,

* Rainer Maria Rilke: *Die Aufzeichnungen des Malte Laurids Brigge,* Leipzig 1931, S. 7.

keine Lust, keine Hoffnung, keinen Ehrgeiz und nicht einmal Egoismus. / So überflüssig wie er war niemand in der Welt.»*

Die Handschrift des Romans macht deutlich, dass Roth jene Kinder zunächst ausdrücklich im Jardin du Luxembourg Karussell fahren ließ. Dies änderte er augenblicklich; vielleicht, weil er verhindern wollte, dass seine Leser sofort die «weißen Elefanten» aus Rilkes berühmtem Karussell-Gedicht im Ohr haben würden. Schließlich erlebt er die Stadt ganz anders als der Großdichter aus Prag: Roth ist fast 20 Jahre jünger als Rilke, und sein Paris ist alles andere als grau, bedrohlich und deprimierend. Für Roth ist das Leben an der Seine quirlig, bunt und international. Alles ist voller Esprit, und dies will er mit seinen Reportagen und Berichten auch den Lesern der *Frankfurter Zeitung* vermitteln. In ihnen geht es ihm oft weniger um konkrete Orte oder Ereignisse. Vielmehr fängt er die Stimmung der französischen Hauptstadt ein, ihre Atmosphäre, ihr Licht, fast so wie der frühe Tonfilm *Unter den Dächern von Paris* des Regisseurs René Clair, der ihn im Oktober 1930 begeistert.

Unter Roths Händen verwandelt sich die Metropole in ein Panoptikum des Überraschenden, Unglaublichen und Abseitigen. Er ist sich nicht zu schade, gängige Touristenattraktionen wie das Musée Grévin mit seinen Wachsfiguren oder das Moulin Rouge zu besuchen. Sobald sie von ihm geschildert werden, wirken sie allerdings wie Geheimtipps. Die Alltagsszenen aber, die Roth erlebt und beobachtet, stellen für ihn alle Museen, Theater und Varietés in den Schatten: Besonders die 1938 in der

* Joseph Roth: *Werke 4. Romane und Erzählungen 1916–1929*, hg. von Fritz Hackert, Köln 1989, S. 496; die Handschrift zu *Die Flucht ohne Ende* befindet sich im DLA: Teilnachlass Joseph Roth.

Exilpresse veröffentlichten Berichte über die «sogenannten kleinen Leute» in einem nächtlichen Bistro oder die Kinder in den Wartezimmern der Pariser Fremdenpolizei gehören zusammen mit Roths Hauptwerken zu den Höhepunkten deutschsprachiger Prosa im 20. Jahrhundert. Unübersehbar spiegelt sich in ihnen auch das eigene Leid des schwer alkoholabhängigen Schriftstellers wider, für den sich die französische Hauptstadt durch die Machtübernahme der Nationalsozialisten in schützendes, aber schon lange nicht mehr sicheres Exil verwandelt hatte.

2

Zunächst platzen Roths Pläne, sich ganz in Paris niederzulassen: Im Frühjahr 1926 gibt es in der Frankfurter Redaktion Streit um einen Posten als Korrespondent, der ihm bereits zugesagt war, dann aber mit dem aufstrebenden und strategisch geschickten Friedrich Sieburg besetzt wird. Zu diesem Zeitpunkt kann Roth von den Emigrantenjahren, die ihm nach 1933 bevorstehen, freilich noch nichts ahnen. Der Antisemitismus wird zwar immer penetranter, und bereits Ende 1925 klagte er darüber, dass die politische und kulturelle Lage in Deutschland eine Katastrophe sei. Aber Roths Sorgen sind noch eher persönlicher Natur. Sie sind vor allem die Folge des Bankrotts seines Verlags *Die Schmiede* und der Krise der *Frankfurter Zeitung*, die, wie er dem jüngeren Kollegen Bernard von Brentano darlegt, «auf der Kippe»* stehe und an die er sich emotional stark ge-

* Briefe, S. 72.

bunden fühlt – trotz aller Häme und der Kollegen-Schelte, die besonders Intellektuelle wie den damals noch unbekannten Walter Benjamin trifft, Autoren also, die ihm zu starke theoretische Ambitionen haben oder das Feuilleton nicht wirklich ernst nehmen.

Und selbst dem im Mai 1926 als miserablen Journalisten verunglimpften Benjamin kann er einige Jahre später versöhnlich begegnen. Dies machen zwei kurze, fast gleichlautende Schreiben deutlich, die Roth wahrscheinlich Anfang Januar 1931 an Siegfried Kracauer schickt, dem er sich freundschaftlich verbunden fühlt. Aus dem Hôtel Foyot, das so etwas wie sein fester Pariser Wohnsitz geworden ist, berichtet er Kracauer: «bin mit Walter Benjamin hierher gefahren, viel von Ihnen gesprochen, nach großer Debatte in Fr[an]kf[u]rt, die bis 6 Uhr früh gedauert hat. Benjamin hatte prachtvollen Einfall: Untersuchung der deutschen Witzblätter (durch Sie, ihn u. mich.) oder: Sie allein (bedenken Sie es, bitte!). / Er ist hier und läßt Sie grüßen!»*

Keine Frage, diese Artikelserie könnte nicht nur in Deutschland Maßstäbe setzen! Dennoch kommt sie nicht zustande. So brillant Benjamins Vorschlag ist, so düster entwickelt sich das neue Jahr 1931 in politischer Hinsicht. Die Zahl der Arbeitslosen in Deutschland erreicht im Januar mit über 4,7 Millionen einen neuen Rekord, Tendenz steigend. Im März schränkt der Reichspräsident Paul von Hindenburg die Presse- und Versammlungsfreiheit ein. Davon unberührt formiert sich die nationalistische Rechte immer erfolgreicher gegen das Kabinett Heinrich

* Unveröffentlichter handschriftlicher, nur mit «Donnerstag» datierter Brief auf Briefpapier des Hôtel Foyot, vermutlich am 8. Januar 1931 geschrieben, DLA: Nachlass Siegfried Kracauer.

Brüning, bis hin zu Hitlers ersten großen Wahlerfolgen bei den Reichspräsidentenwahlen im folgenden Jahr.

Illusionen über die verheerenden Wirkungen der politischen Ereignisse auf seine berufliche Existenz macht sich Roth keine. Bereits knapp 13 Jahre vor dem Triumph der Nationalsozialisten hatte er in der *Neuen Berliner Zeitung* die nur allzu berechtigte «Pogromangst» der Juden aus der Ukraine, Galizien und Ungarn beschrieben, die sie zusammenschweiße «zu einer Lawine aus Unglück und Schmutz».* Und ihm war damals schon klar, dass er selbst im Ernstfall immer zu genau dieser Gruppe der Ausgestoßenen gehören würde.

Vor diesem Hintergrund können die Ereignisse des Jahres 1933 für Roth nur eine Konsequenz haben: Da Hitler ihm seinen «Lebensunterhalt genommen»** hat und seine Bücher von deutschen Studenten auf Scheiterhaufen geworfen werden, muss die bisherige Wahlheimat Paris von nun an als Zuflucht dienen. «Jede Hoffnung ist sinnlos», betont er Stefan Zweig gegenüber. «Diese ‹nationale Erneuerung› geht bis zum äußersten Wahnsinn. Es ist genau die Form des in der Psychiatrie bekannten Manischen-Depressiven. So ist dieses Volk.»***

* Joseph Roth: *Werke 1. Das journalistische Werk 1915–1923*, hg. von Klaus Westermann, Köln 1989, S. 384.

** Briefe, S. 250.

*** Joseph Roth und Stefan Zweig: *Jede Freundschaft mit mir ist verderblich. Briefwechsel 1927–1938*, hg. von Madeleine Rietra und Rainer-Joachim Siegel, mit einem Nachwort von Heinz Lunzer, Zürich 2014 [im Folgenden: Zweig], S. 100.

3

Wenn es um Psychiatrisches ging, kannte Roth sich notgedrungen aus. Sein 1894 verschwundener Vater galt als geisteskrank und unzurechnungsfähig. Es steht allerdings nicht fest, wie gut Roth über dieses Familiengeheimnis Bescheid wusste. Sicher hingegen ist, dass seine vielleicht größte Schwierigkeit psychiatrischer Natur war: Es war die Krankheit seiner Frau Friederike, die an Schizophrenie litt und seit 1929 in geschlossenen Anstalten leben musste, wo man sie ohne Aussicht auf Erfolg behandelte.

Roth belastete das nicht nur emotional, er kämpfte nicht nur mit Schuldgefühlen, so wie die meisten Angehörigen seelisch Zerrütteter. Seine unheilbar kranke Frau, mit der er nicht mehr zusammenleben konnte, wurde für ihn zunehmend auch zum finanziellen Problem. Wie solle er bloß leben, fragte er Stefan Zweig im Herbst 1930, also im Jahr seines ersten großen Publikumserfolgs mit dem Roman *Hiob*. 1000 Mark brauche er selbst im Monat, 800 seine Frau, und seine Einkünfte reichten dafür einfach nicht, seit er sein Talent nicht mehr für Zeitungsaufträge verschleudere.* Aus eigener Kraft hätte er gegen diese ökonomische Abwärtsspirale wenig ausrichten können, das sah auch Stefan Zweig so, der sich Roth gegenüber als bewundernswert hilfsbereit erwies. Umso unbarmherziger, ja geradezu monströs wirkt eine Feststellung über Friederike Roth, die sich in einem Brief Zweigs an seine Frau vom 20. August 1930 findet. Joseph Roth könne man gar nicht helfen: «seine Narrheit ist ein Faß

* So an Stefan Zweig am 20. November 1930, Zweig, S. 57.

ohne Boden. Man darf eine Marotte wie die, 300 Mark pro Woche für eine Irrsinnige auszugeben, nicht noch bestärken.»*

Vermutlich fehlte Zweig auch deshalb jedes Verständnis, weil er wusste, dass Roth sich schon länger an eine andere Frau gebunden hatte. Im Sommer 1929 hatte er die als Tochter einer Deutschen und eines Kubaners in Hamburg geborene Redakteurin Andrea Manga Bell kennengelernt. Aus ihrer Ehe mit einem Kameruner Prinzen hatte sie zwei 1920 und 1921 geborene Kinder, um die Roth sich fortan fast väterlich kümmerte.

Zusammen mit den drei Manga Bells lebte er sechs Jahre lang zum ersten Mal in einer familienähnlichen Situation. Andrea assistierte ihm ebenso bei der Fertigstellung seiner Romane wie bei seinen Zeitungsartikeln, von denen er in dieser außerordentlich produktiven Phase allerdings deutlich weniger schrieb. Sie tippte seine Handschriften ab und diskutierte mit ihm über Formulierungen und darstellerische Details. Wahrscheinlich war die Beziehung zu ihr die intensivste und wichtigste in Roths Leben, und doch hielt sie den Belastungen des Exils und seinem Alkoholismus nicht stand.

Im Frühjahr 1936 kam es zum Bruch zwischen den beiden. Überwiegend hatten sie bis dahin – so der mit Roth befreundete Géza von Cziffra – in einer «mehr als bescheidene[n] Behausung» in dem «zweistöckigen, abbruchreifen alten» Hôtel Foyot verbracht.** Es befand sich in der Rue de Tournon, die nicht zuletzt durch Roths Präsenz mittlerweile zu einem Zentrum der Emigrantenszene geworden war. Auch nach der Trennung und

* Zit. nach Zweig, S. 542.

** Géza von Cziffra: *Der heilige Trinker. Erinnerungen an Joseph Roth*, mit einem Vorwort von Marcel Reich-Ranicki, Berlin 2006, S. 81.

dem Abriss des Foyot im November 1937 blieb diese Straße Roths Lebensmittelpunkt.

Von hier aus bewegte er sich in der Regel nur in einem Radius von etwa einem Kilometer durch Saint-Germain-des-Prés und das Quartier Latin, und das schon seit Jahren. Bezeichnend für seinen gleichförmigen Alltag ist eine kurze Nachricht, die er dem befreundeten Schriftsteller Karl Otten, der im März 1933 aus Deutschland geflohen war, am 10. Januar 1934 zukommen ließ: «ich bin fast jeden Abend im Deux Magots, gegen 6^{h}–7^{h} hier im Hotel [Foyot]. Und es geht mir schlecht, hoffentlich Dir besser. Kommst Du mal da oder dorthin? Sag's mir, wir treffen uns.»*

Abgesehen von seinem Engagement in der Flüchtlingshilfe und für eine Gruppe österreichischer Monarchisten wurde sein Wirkungskreis zunehmend enger. Im April 1938 kam er im Hôtel de la Poste unter, ebenfalls in der Rue de Tournon, direkt gegenüber dem abgerissenen Foyot. Das Hôtel de la Poste befand sich oberhalb des Cafés Le Tournon, in dem man Roth beinahe jeden Tag finden konnte, seit ihm sogar der Weg ins berühmte Deux Magots zu weit geworden war, oft von Freunden umringt und so maßlos trinkend, dass viele meinten, er wollte sich auf diese Weise nach und nach umbringen.** Zuvor hatte er knapp vier Monate zusammen mit der Schriftstellerin Irmgard Keun im Hôtel Paris-Dinard in der nur zehn Gehminuten entfernten Rue Cassette gewohnt.

Wenn Roth mit seinen 44 Jahren im März 1939 in der *Pariser Tageszeitung* eine geradezu altersweise Apologie der Sesshaftig-

* Unveröffentlichter handschriftlicher Brief, DLA: Nachlass Karl Otten.

** Hierzu: Zweig, S. 536f.

keit veröffentlichte, des Beharrens und exakten Beobachtens, so entsprach das wahrscheinlich genau seiner desolaten körperlichen Verfassung. Ihm ging es kaum noch besser als dem obdachlosen Andreas in seiner späten *Legende vom heiligen Trinker*. Ihn ließ Roth ebenfalls vor allem durch die Gegend um die Rue de Tournon streifen, mit gelegentlichen Ausflügen in die Arrondissements nördlich der Seine.

Durch den ‹Anschluss› Österreichs an das Deutsche Reich im Vorjahr waren auch Roths Legitimismus und sein entschiedener Einsatz für Otto von Habsburg, den ältesten Sohn des Kaisers, vollkommen unrealistisch geworden. Sowohl privat als auch politisch stand er nun vor dem Aus. Anfang 1939 nahm er zwar noch eine Einladung des amerikanischen PEN-Clubs an, im Mai am *World Congress of Writers* im Rahmen der New Yorker Weltausstellung teilzunehmen, und diese Reise hätte für ihn die Rettung bedeuten können. Aber es ist unsicher, wie ernsthaft er diesen Plan überhaupt noch verfolgte. Zumindest fuhr er nicht in die Neue Welt.

Zu den Letzten, die ihn regelmäßig sahen, gehörten Stefan Fingal und Soma Morgenstern, auch sie wohnten damals im Hôtel de la Poste. Der Auslöser für Roths Zusammenbruch war eine Nachricht, die ihn am 23. oder 24. Mai im Café Le Tournon erreichte. Sein alter Weggefährte Ernst Toller hatte sich nach seiner Teilnahme am PEN-Kongress in New York am 22. Mai in einem Hotelzimmer erhängt.

Soma Morgenstern soll einen erschütternden Satz aus dem Mund des sterbenden Roth gehört haben: «Wie dumm vom Toller, sich jetzt aufzuhängen, wo es mit unseren Feinden zu Ende geht!»* Am Vorabend des Zweiten Weltkriegs musste diese Äußerung fast grotesk gewirkt haben. Oder hatte Roth sie in all ihrer Bitterkeit nicht doch ironisch gemeint?

Unter großen Anstrengungen brachten ihn die Freunde ins Hôpital Necker. Dort starb er am 27. Mai 1939, morgens um kurz vor sechs. Die Beisetzung fand drei Tage später auf dem südöstlich von Paris gelegenen Friedhof in Thiais statt. Fast genau 31 Jahre später bestattete man hier auch Paul Celan, den anderen überragenden Dichter aus dem Osten des deutschen Sprachraums. Er wurde 1920 in Czernowitz geboren, rund 250 Kilometer südlich von Brody. Auch Celan hatte Paris zu seiner Wahlheimat gemacht. In seiner nachgelassenen Bibliothek findet sich die Erstausgabe der frühesten, 1930 erschienenen Sammlung von Roths Reportagen und Feuilletons: *Panoptikum. Gestalten und Kulissen*.

«Es ist eine große Vermessenheit, Städte beschreiben zu wollen» – mit dieser Geste der Bescheidenheit begann Roth im Herbst 1924 sein Porträt über das galizische Lemberg. «Städte haben viele Gesichter, viele Launen, tausend Richtungen, bunte Ziele, düstere Geheimnisse, heitere Geheimnisse.»** Damals stand ihm sein alles veränderndes Paris-Erlebnis noch bevor. Ein Buch über diese Hauptstadt zu schreiben kam ihm offenbar nie in den Sinn. Stattdessen hat er einzelne Szenen eingefangen, Alltägliches, Kurioses: Fragmente seiner Begeisterung. In ihnen allerdings scheinen oft ganze Welten auf.

* Zit. nach Stefan Fingal: *Joseph Roth gestorben*, in: *Pariser Tageszeitung*, 2. Juni 1939.

** Joseph Roth: *Reisen in die Ukraine und nach Russland*, hg. von Jan Bürger, München 2015, S. 15.

Editorische Notiz

Die meisten der für den vorliegenden Band ausgewählten Texte sind zuerst in Zeitungen erschienen. Roths Manuskripte, die als Druckvorlagen dienten, sind nur vereinzelt überliefert. Deshalb folgen der Wortlaut und die Schreibweise im Gegensatz zur ebenso verdienstvollen wie fehlerhaften dreibändigen Ausgabe des journalistischen Werkes von Joseph Roth (herausgegeben von Klaus Westermann, Köln 1989–1991) streng den Erstdrukken bzw. den im New Yorker Leo Baeck Institute (LBI) und im Deutschen Literaturarchiv Marbach (DLA) gesammelten Handschriften und Typoskripten.

Die Defizite der Werkausgabe werden besonders deutlich, wenn man beispielsweise versucht, folgenden Satz aus der Reportage *Das nachgemachte Ceylon* zu verstehen: «Die Elefanten sind gutmütig, geduldig, sie haben die Klugheit von Großvätern, die Dressur von Pferden, die Sanftmut von Schafen, die Farbe von Elfen.»*

Welche Farbe haben Elfen? Und warum vergleicht Roth Elefanten mit Fabelwesen? Die Antwort ist einfach: Er tut es gar nicht! Es handelt sich um einen Lesefehler. Im Erstdruck lautet der Satz: «Die Elephanten sind gutmütig, geduldig, sie haben die Klugheit von Großvätern, die Dressur von Pferden, die Sanftmut von Schafen, die Farbe von Eseln.»

* Joseph Roth: *Werke 2. Das journalistische Werk 1924–1928*, hg. und mit einem Nachwort von Klaus Westermann, Köln 1990, S. 564f.

Für die vorliegende Ausgabe wurden Roths Texte in keiner Weise dem heutigen Sprachgebrauch angepasst. Zuweilen ist Roths Rechtschreibung ungebräuchlich, dies gilt insbesondere für seine Zeichensetzung. So verwendet er Kommata nicht selten rhythmisch. Regelwidrigkeiten in Orthografie und Interpunktion sollten daher nicht als Satzfehler angesehen werden, sondern als Ausdruck von Roths individuellen Schreibgewohnheiten. Hinzufügungen des Herausgebers stehen in eckigen Klammern ([…]), bei nicht sicher entzifferten Wörtern ist den Lesungsvorschlägen ein Fragezeichen in eckigen Klammern nachgestellt ([?]). Lediglich Ae, Oe und Ue sowie eindeutige Tippfehler in Typoskripten wurden stillschweigend vereinheitlicht und verbessert. Außerdem wurden fehlende Punkte stillschweigend ergänzt, wenn der folgende Satz mit einem Großbuchstaben beginnt. Weggelassen wurden auch die Punkte nach den Überschriften, die sich besonders in der *Frankfurter Zeitung* häufig finden.

Wenn bei Roths Briefen am Ende der Texte kein Erstdruck nachgewiesen wird, so werden diese hier erstmals veröffentlicht.

Stuttgart, im Februar 2018

INHALT

I. SIE MÜSSEN HIEHER!

Panoptikum am Sonntag 5
Das Kind in Paris 11
An Benno Reifenberg, Paris, den 16. Mai, 1925 14
Wie man eine Revolution feiert 17
Wirkung eines Boulevard-Blattes 20
Amerika über Paris 23
«An Straßenecken» 29
An Benno Reifenberg, Paris, am 26. März 1926 31
Reisebrief für das *Bäderblatt der Frankfurter Zeitung* 34

II. HALBWELTEN

Bericht aus dem Pariser Paradies 37
Das nachgemachte Ceylon 42
Der Herr Minnesänger 46

III. ABSCHIEDSBRIEFE AN EINEN REDAKTEUR

An Benno Reifenberg, Paris, le 29. Avril 1926 50
An Benno Reifenberg, Paris, le 9. V 1926 54
An Benno Reifenberg, Paris, am 13. Mai, 1926 57

IV. HEIMAT FÜR HEIMATLOSE
20 Minuten vor dem Kriege 63
Der Fakir und sein Publikum 68
Die zaristischen Emigranten 73
Aus: Juden auf Wanderschaft 78
Ehre den Dächern von Paris! 90

V. SPÄTE BETRACHTUNGEN
Ödön von Horváths Tod 94
Rast angesichts der Zerstörung 97
Ein Kind im Wartezimmer der Polizei 101
Die Kinder der Verbannten 103
Im Bistro nach Mitternacht 107
Das bittere Brot 112
Frauen vor dem Schaufenster 117
Clemenceau im Panoptikum 119
Betrachtungen an einer Strassenecke 123

Nachwort 127
Editorische Notiz 141